曲靖师范学院云南省十二五硕士学位授权立项
建设学科与云南省省级重点学科教育学建设成果之一

王 飞◎著

大学青年教师职业适应力撷要

知识产权出版社
全国百佳图书出版单位

图书在版编目（CIP）数据

大学青年教师职业适应力撷要/王飞著．—北京：知识产权出版社，2016.2

ISBN 978－7－5130－4046－4

Ⅰ.①大… Ⅱ.①王… Ⅲ.①高等学校—师资培养—研究 Ⅳ.①G645.12

中国版本图书馆 CIP 数据核字（2016）第 020611 号

内容提要

理想的大学教师概括而言应是“德知并重”，带着这样的理想追问：成为一个理想的大学教师需要把握什么职业发展常识？本书把该问题分解为职业认知、职业情感、职业意志、职业行为四大方面的职业发展常识。职业认知包括大学青年教师的职业拐点、身份转换、工作统合、需求满足、师德定位、武器获得；职业情感包括大学青年教师的服务对象、育己育人、体制适应、工作秩序；职业意志包括大学青年教师的目标指向、职业求索；职业认知、职业情感、职业意志最终需要靠大学青年教师身体力行去执行，最终落实于职业行为之中。

责任编辑：冯　彤　　　**责任校对：**谷　洋

装帧设计：张革立　　　**责任出版：**刘译文

大学青年教师职业适应力撷要

王　飞　著

出版发行：	知识产权出版社有限责任公司	网　　址：	http：//www.ipph.cn
社　　址：	北京市海淀区西外太平庄 55 号	天猫旗舰店：	http：//zscqcbs.tmall.com
责编电话：	010－82000860 转 8386	责编邮箱：	fengtong@cnipr.com
发行电话：	010－82000860 转 8101/8102	发行传真：	010－82000893/82005070/82000270
印　　刷：	北京科信印刷有限公司	经　　销：	各大网上书店、新华书店及相关专业书店
开　　本：	787mm×1092mm　1/16	印　　张：	13.25
版　　次：	2016 年 2 月第 1 版	印　　次：	2016 年 2 月第 1 次印刷
字　　数：	208 千字	定　　价：	38.00 元

ISBN 978-7-5130-4046-4

大学青年教师职业成长的逻辑（代序）

决定开始写这本书的动机是帮助自己、帮助大学青年教师澄清职业场的一些基本常识，尽可能避免刚刚走上大学教师的岗位时就对大学的某些环节存在认知偏差。

笔者作为大学教师的一分子，截至本书初稿写完时（2015 年 8 月）已有 7 年，在这短短的 7 年里经历的三个工作部门其本质都是为教师服务的工作，自己曾参与并正在从事青年教师相关培训。也曾学习思考关于大学教师的某些发展问题，尽管自己的职业经历肤浅。笔者注意到，每一位优秀的大学教师，总是在某些方面很出色，这些出色的特质助推他们向优秀教师的方向前进。无论是在人才培养还是科学研究中，他们总是努力地超越，透过复杂的教育现象与错综复杂的教育脉络，找到有利于自己职业成长的核心元素。但是也有一部分教师根本不知道大学教师为何物，也不知道自己应该如何做一名大学教师，更不知道自己为什么要当一名大学教师。笔者也一直在探问与学习如何做一名具有职业适应力的大学教师。

带着向优秀老师学习的心态，笔者希望与大学青年教师共同探讨如下问题：有利于提升大学青年教师职业适应力的核心元素到底是什么？怎样才可以实现大学青年教师职业顺利发展？尤其是在一个略显浮躁的教育环境中，如何能不受环境的影响，获得自身的职业适应力？这些都是刚刚进入大学教师职业的人应该关注与需要面对的问题。数年的观察、思考与一定程度的实践，使笔者深深地认识到：大学青年教师职业适应力的常识，对自身的职业顺利成长具有关键的作用。

倘若静心思考，大学青年教师提升适应某种条件与某种环境的能力，所要了解的常识其实并不复杂。大学活动中一些普遍的规律可以帮助我们化繁为简，透过复杂的教育现象找到大学青年教师职业场中的基本元素，并让自己全方位地理解这些基本元素，进而使自己的行动与这些基本元素做到互适。如果能做到这一点，每一个大学青年教师都会感到大学里的人才培养活动、知识生产活动所涉及的都与自身的工作息息相关，并从中得到成长与发展。

大学青年教师职业适应力提升的常识在宏观上概括的话，实际只有两个：职业理念、知识技能。再简单说，就是“德”与“才”。每个大学青年教师都必须掌握这两个基本元素，并且可以培养自己沿着这两个元素做出选择与判断的思维习惯。所以对围绕这两个元素涉及的大学教师会遇到的一些大学里必须存在的环节的本质认识，都是基于对这两个基本元素的理解。笔者想告诉自己与读者的是大学活动遵循自己的本质规律，一旦掌握了这些基本规律，自然就掌握了面对职业适应力发展所需要的基本能力。

本书是笔者进入专门为教师职业发展服务的工作部门和职业入职几年后的实践、思考、学习的一点记录或心得，当然，也是与本人的专业有密切相关的思考，其思想基础来自本人对专业领域重大主题的观察。在本书中，读者，尤其是大学青年教师将会看到这种思考的主题或者思考所涉及的范畴，都是围绕前述的两个基本元素展开的。笔者深信，对于大学青年教师职业适应力的顺利提升，大学青年教师从职业入场那一刻起就应该回归到职业理念和知识技能层面并做全面的改变与调整，而改变的方法就是回归大学活动的本质去思考与行动，本书所体现的正是这个观点。笔者非常期待看到这本书的每一位大学青年教师，能抛开自己在20多年甚至是30年的教育路途中形成的固有的非职业人经验，虽然这些经验曾经帮助作为还没有踏上教师职业之路的我们获得了“学历”，获得了“知识”，也获得了一定程度的“思维方式”，但是抓住过去不放无助于锻炼自己在新的阶段的思维并提升自己的职业适应能力，也不能帮助自己更好地去从事一个需要“常为新”的职业。

正是基于这样的写作动机与出发点，笔者选定大学青年教师职业适应力所牵涉的一些常识进行感官素描。希望读者认为本书的素描对得起自己花时间翻阅，这也是对笔者最大的鼓励。

王　飞

2015 年 9 月 3 日于曲靖

目 录

第一章

嵌入，融入——开始的和谐

虽然教师是世界上诸多职业中最有价值、最令人满意的职业，但是，你也必须知道它需要你全身心地投入与融入。只有你真正想成为一名教师时，你才可以选择这一职业。也唯有如此，才能从嵌入走向融入。

一、人生拐点：从非职业人到职业人

★ 人的职业时间视觉警示

一个正常且健康之人的人生经历，如果以“天”作为计算单位，大概有3万天左右（80多年到90年左右）。假如一个人能正常健康地拥有3万天，则意味这个人拥有了正常的人生长度。但拥有了3万天的人生长度并不意味拥有人生的高度或人生的厚度，高度或厚度，是指人生的意义与价值。一个相对完整的3万天，又可以视为由前后相继的三个1万天的相加，这三个前后相继的阶段分别有其不同的人生任务与角色扮演。

第一个1万天（前30年左右），主要用来发育与学习；

第二个1万天（中间的30年），主要用来工作与奋斗；

第三个1万天（后边的30年），主要用来享受与反哺。

对几乎所有的人来讲，在经历第一个1万天（前30年左右）的发育与学习这个过程中，主要是以一个“非职业人”的角色在行走的。何谓非职业人？就是处于发育期、学习期、接受教育的没有独立固定经济收入来源并需要父母或其他人抚养接济的人。经过多年的读书、学习、生活后，获得一定的成长，获得一定的知识，掌握一定的专业技能，经历一定的思维训练，拿到一个学历，或是本科学历，或是硕士学历，或是博士学历（对于当今选择从事大学教师职业的人而言，后两者学历的人居多）。读书、学习、学历等经历这个阶段后的最终的目的只有一个——工作（另一种生活），也就是第二个 1 万天阶段（中间的 30 年）的工作与奋斗，其实有时还不止 30 年（见图 1－1）。

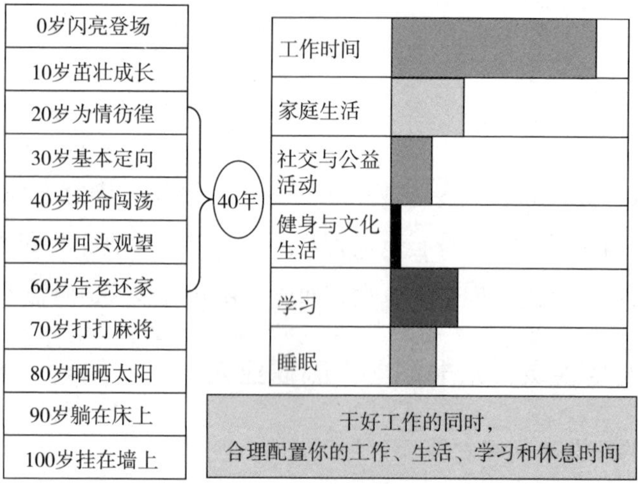

图 1－1　一个人一生的工作时间视觉警示图

图 1－1 中的左边搭配一段关于人生过程的一句顺口溜（其为对人生某一个阶段的理性认知，而非感性认知，因为其简短的总结符合人生特定阶段最本质的一面），右边是具体用于人生过程中某一板块时间的多少。其中，工作时间最长，也就是说，一个人一生中扮演“职业人”的时间是最多的。从非职业人向职业人过渡的这个转折点与分界点就是人生的一个拐点。

无论你是获得本科学历，还是硕士学历，抑或是博士学历，只要选择了工作，都有一个刚从读书求学的非职业人走向职业人的过程。

★ 非职业人与职业人之间的门槛

“门槛”一词的本义是指门框下部挨着地面的横木或者石头。其喻义是指进入某范围的标准或条件。大学青年教师是在符合一定的标准或具备一定的条件基础上，刚刚通过大学招聘跨过这道门槛而进入大学教师职场的职业新人或跨入大学不久的青年教师。

从一个范围进入另一个范围具有时空性划分的意思。从非职业人走向职业人的过渡时期，就如同一个人正在跨越门槛。“正在跨越”门槛的这个动作，就是一只脚已经抬起位于门槛的正上方，正准备向门槛的前方迈去，而另一只脚的脚掌还停留在门槛后方的地面上。门槛在此起到一个分割或界限的作用，门槛的一侧是一个空间，另一侧是另一个空间，从一个空间迈进另一个空间的这个动作，针对一个非职业人向职业人迈进的这个过程，笔者经过冥思苦想后认为，除了“嵌入”这个词语似乎没有另外一个更恰当的词语可用。

对大学教师来说，“门槛”一词的根本含义主要是指其职业特性所在——高学历与专业性。从人类社会各行各业的发展主流趋势来看，大学教师职业，在一定程度上是令人羡慕的。不过，要当大学教师并不是一件十分容易的事情，它有其较高的入职门槛。与其他行业的从业人员相比，申请应聘进入某所大学当教师普遍有两道门槛——较高的学历与对口的专业。

高学历是现代大学招聘教师的一项硬指标。尽管笔者并不完全赞同美国学者斯特尔贝格所说的“没获得博士学位者不应在大学教书”[1] 的观点，但是，在一定程度上，这句话符合当今大学招聘教师的门槛设置写照，也符合大学这个人才培养、科学研究殿堂的特征。因为“大学是学术殿堂，教师的高学历化有利于培育学术文化氛围，有利于提高高等教育质量”。[2]

---

[1] ［美］欧文·白璧德．文学与美国的大学［M］．张沛，张源，译．北京：北京大学出版社，2004：71.

[2] 付八军．大学与人生［M］．湘潭：湘潭大学出版社，2013：91.

笔者于2008年硕士毕业时分，面临从非职业人到职业人的人生拐点

★ 跨过门槛后应意识到教师发展的基点

记得2008年，笔者从一所省属重点师范大学硕士毕业，选择到一所新建地方师范本科院校工作。由于自己获得的学位是教育学硕士，或多或少对教师职业有一点朦胧的认识，潜意识里意识到中国人选择教师职业有自己特有的背景——不是因为爱学生而喜欢教师这个职业，很多人选择当教师是因为可以拿到一份有保障的工资。殊不知，爱学生、爱教育，是做好教师的根本前提。即使是硕士毕业、博士毕业，如果内心不爱学生、不爱教育，也成不了好教师。因此，可以说，好教师与专业背景没有关系。笔者是师范专业毕业，也是属于教育学专业的研究者，工作后的几年，笔者一直在思考，教师职业发展的基点究竟是什么？基点就是立足点与出发点，或者是着眼点与着力点。这个基点就是教师职业的特殊性。这个特殊性是什么？当教师的人首先要有知识，其次要能够把知识传递出去。“有知识”是教师职业的一般性，“能够传递知识”是教师职业的特殊性。因为有知识的人不一定都能够传递知识。因此，“能够传递知识”是教师职业发展的基点。找到这个基点后，关键是如何立足于基点发展。只要能够立足于这个基点一步一步地发展下去，笔者相信能够发展成为一个好教师与优秀教师。众所周知，优秀教师有其成长的规律。这个规律，就像种地，需要从播种、浇水、施肥、锄草，一步一步走到收获。教师作为一个群体，只要是群体就得分三六九等，这是人类学的规律。优秀教师成长的规律告诉我们——对一名大学青年教师而言，其职业发展的基点，就是围绕“能够传递知识”而开展一些工作，如备课、写教案等。做好这个基点的工作，是因为：掌握能够传递知识的能力是教学的技能性要求，是大学青年教师得以专业发展的基本外部因素；掌握能够传递知识的能力是教学的规律性要求，是大学青年教师得以专业发展的基本内部因素；掌握能够传递知识的能力是教师专业发展的过程性要求，是大学青年教师得以教学专业发展的实践基础。

《大学教师的培养与成长》的作者付八军说：“教学是教师专业发展的基点。教师职业能否成为一门专门职业，正是取决于教学能否成为一门真正的专业。”❶

二、嵌入：拐点期的大学游离人

★ 嵌入折射了大学青年教师在现时代的尴尬境遇

2012 年，由对外经济贸易大学公共管理学院副教授廉思领衔的《中国高校青年教师调查报告》公开发布。这份报告由廉思带领的 30 人研究团队历时一年多完成。廉思介绍，该报告在北京、上海、武汉、西安、广州 5 个城市取样，对供职于包括 985、211、普通高校、大专院校和成人/民办

❶ 付八军．大学教师的培养与成长［M］．北京：中国社会科学出版社，2010：45.

高校在内高校的5138名青年教师，进行抽样问卷调查，结合深度访谈、焦点小组讨论和参与式观察等调查方法完成。据统计，我国高校35岁以下青年教师人数目前已超过85万，占全国高校专职教师总数的63%。[1] 今天的大学青年教师是一个在形式上似乎有很多人关注的群体，但实际上有没有真的关注大学青年教师？“当权力、财富成为社会主流价值时，青年官员、青年富豪、青年明星，甚至是新生代农民工、大学毕业生，所受关注都远远高于大学青年教师。基于物质主义建立的坐标系中，极富极贫才引人注目，像大学青年教师这样的群体，不上不下，境遇难免有些尴尬。”[2]（关于大学青年教师的收入在第四章的待遇环节有详细说明）这样的一个尴尬境遇，致使刚刚职业入场的大学青年教师“望而生畏”，没有职业发展的动力，从职业入场开始就在整体职业环境氛围上埋下了导致大学青年教师成为嵌入期的大学游离人的伏笔。

廉思．工蜂：大学青年教师生存实录［M］．北京：中信出版社，2012

★ 嵌入折射了大学青年教师的“教师化”意识不足

“化”《辞海（缩印本）》解释为：表示转变成某种性质或状态。如绿化；电气化；大众化。从中我们可知：化，既有动态过程的含义又有静态性质的含义。“教师化”这一概念中的“化”主要指其动态过程的含义，

---

[1] 2015年的教育部官方统计数字。

[2] 廉思．工蜂：大学青年教师生存实录［M］．北京：中信出版社，2012：2.

主要是指处于职业起步期的大学青年教师作为自己承担的“教师角色”而做出调适的一个过程。处于嵌入期的大学青年教师，其“教师化”意识不是很清晰。对于一个刚刚进入大学场域当教师的年轻人而言，其“教师化”意识不足有以下几方面的表现。首先，从“学生”角色向“教师”角色转换不是一下子完成的，而是有一个过程，在这个过程中大学青年教师的转换意识需要逐渐清晰起来；其次，大学青年教师在未当上教师前，很大程度上并不具有明确的职业指向性（指向性是指大学青年教师在学生阶段的专业发展具有明确的职业目标），突然成为大学教师后需要有一个时间段调理自己的职业指向性；最后，大学青年教师在未当上教师前的发展具有动态性（动态性是指大学青年教师在学生阶段的专业发展是一个渐进的发展变化过程，存在一定的内在规律）。这些“过程性与时间性”决定大学青年教师对其自身从事教师职业的内在情感、知识、能力等方面需要一个时间与周期才能得以不断补充、更新、丰富和完善。

★ 嵌入折射了大学青年教师未能把握自身的职业倾向

职业选择的结果，是一个人特殊的遗传与一系列文化与个人力量包括同伴、父母、重要他人、其所处的社会阶层位置、社会文化与物质环境交互作用的产物。在此，可以假设六个方面的职业环境可以影响一个人职业选择的职业倾向（见表1－1）。

表1－1　六种职业环境对应的职业选择范畴❶

环　境	对应的职业说明
自动化的	劳动者、机械操作者、驾驶员
智力的	自然科学家、人文社会学家
赞助的	社会工作者、教师、置业顾问
顺应的	秘书、职员
善游说的	推销员、政客、公共官员
美学的	音乐家、作家、摄影师、诗人

❶ ［英］邓尼斯·恰尔德．心理学与教师［M］．蔡笑岳，等，译．北京：科学技术出版社，1992：302.

每个人都有一个由价值、兴趣、天赋、人格因素、智力与能助其处于以上六种职业环境中确定方向性的自我认识所组成的职业风格。实际上，对任何一个人来讲，通过测验职业兴趣、人格、价值、需要等，都可以归入职业方向的某一层次序列，方向性与职业环境具有同一意义，方向性的层次序列被称作发展层次。表 1－1 可以清楚说明，表格左边表示职业环境，发展层次表明一个人的特殊职业倾向序列。在环境中喜欢帮助或赞助他人的人，喜欢用自己所掌握的力量帮助别人成长与发展。表中的六种职业环境是指在具体的一个职业环境或职业场域中所需要整体的与特定职业相吻合的环境特征。例如，社会工作者、教师、置业顾问等这些职业，所需要的职业环境特性就是“赞助性的”。因此，一个人在选择职业时，应该对应这样的职业环境特性进行职业选择。对于大学青年教师而言，在刚刚踏上大学教师的职业阶段，如果还处于嵌入的状态，那在一定程度上说明他还未能把握自身的职业倾向，不知道自己是否适合教师职业的“赞助性的”特性要求。

★ 嵌入折射了大学青年教师刚进入职场的心理现象

“嵌入”，现代汉语词典的解释是：作动词，把一个较小的东西卡进较大东西上面的凹处，就是把一物体镶嵌进另一个物体。把“嵌入”用到这里，是指一个在学生时代没有职业的人，在毕业时需要走出学校步入社会而被嵌进一个相对固定的工作位置。记得笔者在 2008 年刚刚怀着一颗激动的心踏上大学教师岗位时，心情既高兴又复杂。高兴的是，自己好不容易跌跌撞撞地从小学六年（留过级的话还不止六年）、初中三年、高中三年（复读过的不止三年）、本科四年、硕士研究生三年（国内一般如此）、博士研究生三年（不管是文科博士生还是理科博士生，能三年毕业的极少，这里按三年算），前后一共熬过 19～22 年的读书时间，终于成为一名大学教师；复杂的是，自己刚刚正式踏上大学讲台的那一刻，突然意识到有一种压力，教书是一种技巧，需要实践、奉献、天赋以及时间。需要长时间地去学习，去备课，去犯错误，去培养并建立自己的教学风格。带着这种复杂的内心状态走着走着，忽然发现自己处于一种游离于大学组织的存在状态。尽管大学教师职业所从事的工作是一份很美好的工作，但是没有什么能真正地帮助新老师准备好全时段、满负荷的巨大工作。新教师的备课、身体、心理与情感准备似乎都不足。即使是一个精心策划的课程也会让学生和其他老师大失所望。调整与适应的能力至关重要。

★ 嵌入是还没有搞清楚为什么选择当教师这个问题

为什么选择当教师？没有错，我们选教师这个职业都是为了同一个目标——收入！寻求一份职业，首先不得不谈、不得不想的一个最严肃的事情就是“收入”的问题。但是严肃地讲，选择当教师，除了收入这个问题外，我们应该还有一个共同的使命与目的。

笔者 2012 年 7 月给云南省曲靖市师宗县小学校长进行“教师专业化”发展的主题培训时，开始笔者就让他们谈谈选择当教师的初衷（校长作为教师中的首席教师更应该搞清楚这个问题）。笔者提供了三个选项：

A. 为了获取一点职业报酬而生存；

B. 喜欢跟学生在一起；

C. 我希望能做点事情，去改变影响他人的命运。

大多数人的选择是 A。选择 A 似乎也不能说选错了！现在回过头来，如果笔者当初选择这个问题，肯定也会选择 A。那如何理解这个问题？可以把这三个选项理解为三重境界：

第一境界：“为生存而教”；

第二境界：“为理想而教”；

第三境界：“为快乐而教”。

在三个境界中，从第一境界到第三境界的跨越，中间有一个第二境界作为中介桥梁。如果在工作中，我们在较短的时间内找到作为中介桥梁的第二境界，那么，我们就能很快从第一境界过渡到第三境界。从这个层面看，对待工作，我们有两种基本态度：一种态度是把工作当作生存的工具，只要每天熬过八个小时，最后拿到工资就行。对于教师而言，这种态度就是为生存而教的态度。另一种态度是把工作当作快乐的源泉，从工作中学习新的东西，迎接挑战，为自己设计新的工作目标，达成目标并得到心灵的富足。判断富足的标准就是，如果我们从事一种职业或干一件事情能越来越喜欢它，通常就能够引导我们走向心灵的富足。对于教师而言，这种态度就是为快乐而教的态度。对大学青年教师而言，如果以第一种态度去工作，必然对工作越来越厌烦，最后就感觉一无所有，留给自己的只有失落与痛苦。回想一下笔者自己刚入职的两年似乎或多或少有这样的工作态度。

伊曼努尔·康德［Immanuel Kant，1724 年 4 月 22 日～1804 年 2 月 12 日］，哲学家。他被认为是对现代欧洲最具影响力的思想家之一，也是启蒙运动最后一位主要哲学家。他有一句话："人类是唯一需要工作的动物。"此话出自他的《论教育学》，上海人民出版社，2005：71. 关键是，人类需要搞清楚工作是为生存而工作、为理想而工作还是为快乐而工作

这三种职业境界或者两种工作态度，在我们还没有搞清楚这种递增的职业境界与工作态度之前，我们是处于一种"嵌入"状态的。"职业境界"可以分为以下几个层面来理解：境界也就是理想。笔者认为，"理想"这个词应理解为"信念"，"信念"通常被理解为"责任"，"责任"被理解为"职业道德"，一个把理想、信念与责任及其职业道德放在一起加以完善的人，一定会走向成功。作为大学青年教师，职业入场时要有一个相对理性的认识，选择大学教师职业是对这种职业本质及其规律的一种全面、完整的认识和对职业特性的遵循，亦是大学青年教师对其选择的职业价值做出正确判断及其守持的具体反映。

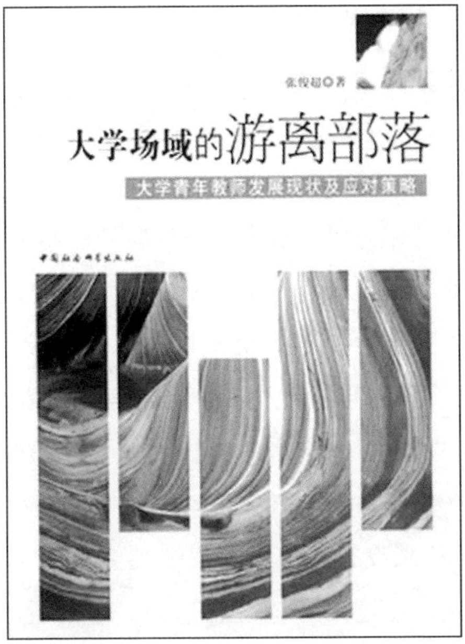

华中科技大学教育科学学院教师张俊超对大学青年教师困境的研究著作

★ 嵌入折射了一种刚入职场的场域游离状态

“游离”是说一种物质不与其他物质化合而单独存在，或物质从化合物中分离出来。比喻离开集体或依附的事物而存在。大学青年教师被“嵌入”到一个大学组织之内，这种说法隐含某种无奈。这种无奈具体分为两层含义。第一层含义是，在我们这个社会，大学体制将大学青年教师推入到“科层制”的地位。大学青年教师是大学组织内部最具有“草根性”的一个群体，在很多情况下，成为无权、无语、无力的“三无老师”。然而，青年教师在很大程度上是大学诸多功能、职责的实际执行者、育人理想的具体把持者。“草根”与“三无”的特征表明大学青年教师作为职业层面的被雇用者是一种依附于大学组织而存在的群体。第二层含义是大学青年教师本身作为职业新手所具有的一些需要改进与提升的职业弱点，决定了大学青年教师在短期内很难融入大学组织。如职业能动性不足、职业思维不健全、职业品质有待提升……这些导致大学青年教师成为“局外人、边缘人与缺席者”。[1]

★ 嵌入折射了一种旁观的工作态度

旁观也就是观望、被动、不积极的心态，事不关己高高挂起，遇事有时还会抱怨、批评、指责，严重者还时常表现出个人的事后诸葛的判事能力。

旁观的工作态度具体可以分解为一一对应的三对负面的工作态度。

第一对：不自信与不自省。一个刚刚成为大学教师的青年教师，即使其学科专业知识再丰富、再专业，也不足以自信而顺利地走上三尺讲台。自信的核心成分是“胆”与“识”，一个自信的大学教师不仅需要具备“识”，还应该具备“胆”。有丰富的学科专业知识是具备“识”的一面。人在面临众多的独立个体并需要把其学科专业知识很好地讲授出来，需要一定的“胆”。一个从来没有系统面对很多独立个体上过课的青年人，有识无胆是需要训练的。在这个训练没有达到一定的程度之前是不自信的。自省是一种自我反思、自我批判的意识与行为。大学青年教师由于没有经验，没有刻骨铭心的体验，是很难自动进行自我反思与自我批判。大学青年教师要有一定的职业体验之后才能慢慢地追求完美或者自我提升，并在追求完美或者自我提升的过程中逐渐树立自我反思、自我批判的意识并展开行为。

第二对：缺乏勇气与胸怀。作为一名大学青年教师，需要有面对既有知识、探索新知识、面对不同学生个体差异与个性特征的勇气；也需要有与优秀老教师和谐相处的勇气。但是，作为一名处于刚跨过门槛阶段的大学教师，这些勇气并不是天生的，而是需要习得的。胸怀是指需要有兼容并包的学与术的意识、需要有包容不同学生的胸怀、需要有抗打击力与抗表扬力的豁达心胸。

第三对：不积极与同理心较弱。既然是处于门槛阶段，处于嵌入阶段，势必导致在很多方面的工作都不是那么主动或者能动性十足。至少在

---

[1] 张俊超．大学场域的游离部落：大学青年教师发展现状及应对策略［M］．北京：中国社会科学出版社，2009：93.

自己从来没有经验过的工作面前，一些陌生的东西与环节势必给我们带来不积极的心态；同理心是一种换位思考与移情心理。处于门槛阶段，处于嵌入阶段的大学青年教师，一般不会有意识地站在学生立场或者与自己相处的同事立场思考问题与解决问题。

★ 嵌入折射了一种角色难以适应的表现

处于门槛阶段、带着嵌入状态的青年教师在角色适应方面经常出现以下三个问题。

第一，角色单一。青年教师在教育活动中总是以单一角色应对不同的教育情景，不能随境变化。例如，有些青年教师把自己的角色仅局限于学生的朋友，与学生角色混淆，不注意言语和行为，没有威信；有些青年教师只是扮演一个纪律的监督执行者，对学生没有爱心，讽刺、挖苦、批评学生，导致师生关系紧张；有些青年教师固定充当知识的传授者，把学生看作接受知识的工具，与学生没有感性交流。

第二，角色分裂。青年教师往往在角色扮演过程中顾此失彼，支离破碎，导致角色分裂。这是由于处于门槛阶段的大学青年教师缺乏对自身角色的整体把握而导致的，就是仅仅为扮演某一种角色而扮演，为角色而角色，因而导致学生无从适应，无法把握自己面对的这个教师职业。如有些青年教师扮演学生角色，成了学生的同伴朋友，而不是学生的教师朋友，不讲原则，一味取悦于学生；有些青年教师扮演学生的家长代理人角色，温暖有余，严格不足；有些青年教师在课堂教学中，对学生尊重不够，居高临下，煞有介事，正襟危坐。

第三，角色失范。任何一种角色都有其特定的行为规范，扮演这一角色时就需要遵守其行为规范，否则角色就会失范。角色规范保证角色功能的顺利实现，教师的角色失范必然导致教师的作用不能正常、全面地发挥。如有些青年教师对待学生的心理问题，不是遵循心理辅导者的角色规范，去聆听、同感、接纳，而是惊讶、责备、断章取义，对学生的观点横加评判、妄下断语、发指令，往往适得其反。

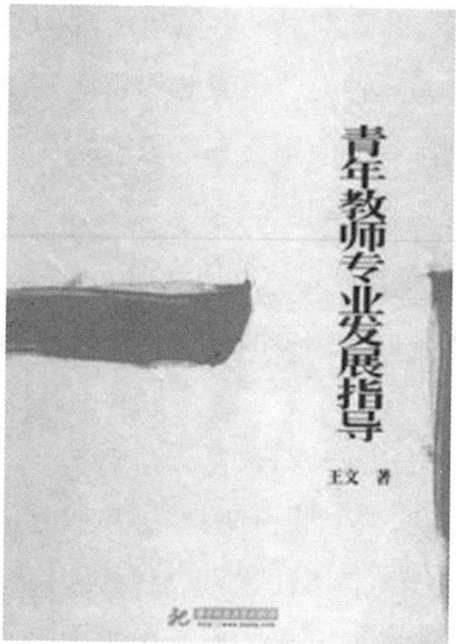

王文在其《青年教师专业发展指导》一书中对青年教师的某些方面的指导做出通俗易懂的阐述

三、融入：拐点期的大学场中人

★ 融入就是一种参加者的态度

笔者的大学教师职业经历，在刚刚入职的两年较短的时间内曾变换三个部门。在教学研究部门“教育科学研究中心”工作过四个月，做“少数民族预科班班主任”两个月；在行政部门“人事处”工作半年，之后，被学校选送借调到教育部财务司与全国中小学校舍安全工程办公室工作了四个月。由于在刚刚入职的短时间内经历了三个工作岗位，笔者还未来得及体验并融入自己的工作环境，就变换了新的工作环境，因此，肤浅地一边学习一边体验。但是，在这样较短而相对丰富的职业经历中，笔者肤浅地获得了职业起步的锻炼与认识。自己尽量用全身心的投入参加到工作中去，时间虽然短暂，但是或长或短皆有收获。最大的收获就是不管在什么工作岗位与工作环境，都要努力去适应，因为没有任何人天生就绝对适合干某种工作，如果一个人相对适合干某一种工作，那都是经过具体的实际工作体验与检验后得出的相对性认知。这种认知要求我们要以主人翁的姿态做事，有成绩大家分享，有失误彼此总结。尤其是刚刚进入职业场域的青年教师更要如此。

★ 融入就是一种不满足的态度

不满足的态度就是前述所说的“自省”的态度。随时随地反省自己的缺点与不足，对于处于门槛阶段的大学青年教师，要从嵌入到融入，这种不满足应该主要有以下几方面。

第一，不满足自己的已有知识水平。“满招损”的道理众所周知，尽管在未成为一名大学教师之前，花了多年的时间接受教育，进行专业的训练与学习，掌握了一定的专业知识与相关技能，但是教师是一种常维新的职业。正如易中天先生在他的《公民心事》中说的：“教师是一种年轻的职业”。[1]笔者理解，教师职业的年轻性最核心地体现在其所掌握的知识、理念等随时需要更新这一点上。

第二，不满足自己已有的工作氛围。环境在教育中有着很重要的作用，处于特定教育环境中的教师对有效教育的发展起着至关重要的作用。在特定的工作氛围中，教师需要建构良好的工作氛围。无论在什么情况下，教师都不要做环境的污染者，人的良好的情绪往往生成于特定的良好的教育环境之中，也就是说，教师不要做情绪的破坏者，要在特定的工作环境与特定的工作氛围中精益求精，带领学生建构良好的情绪。情绪主要指人从事某种活动时产生的心理状态。关键是看这种心理状态是积极的、兴奋的还是消极的、不愉快的。大学青年教师必须从职业入场一开始就不满足于自己已有的工作氛围，建构一种有助于增进大家积极、兴奋情绪的工作环境。

[1] 易中天．公民心事［M］．桂林：广西师范大学出版社，2011：175.

★ **融入就是一种真诚与爱人的态度**

大学青年教师从职业入场开始就要有对学生与生活高度的热爱之心。大学青年教师的这种爱并不是简单的情感，特别是在学校环境中界定这种爱的时候更是如此。对那些深入思考工作的教师而言，爱意味着要对他们的学生有真正的尊重、很高的期望与极大的欣赏。泰戈尔说："只有热爱人的人才能审判人。"❶ 依照这句话，只有热爱学生的教师才能教育学生，才能教导出热爱人与热爱生活的学生。

在所有对"爱"的定义中，有一个深深地打动笔者："True love is love for humanity"，这句话的中文翻译是：真爱是对人道精神的爱。进一步剖析这句话的内涵，只有真正爱人类的人才可能爱上一个具体的人。当一个人爱上另一个人，这份爱是在表达这个人靠近真善美的决心，就是说爱是一种能力而不是一种遭遇，真正的爱人的态度是对正义之爱与对真善美之爱的一个分支。从这个角度出发，大学青年教师从职业入场的那一刻起，就需要全面地审视自己选择这份职业是否对学生与对知识有这样的爱，有对正义与真善美的热爱。如果不是带有这样的爱开展教育，那么，所有的教育都是反教育的。当然，这种教师之爱的起点是"自爱"，自爱加上同理心，才能真正成就对正义与真善美的爱。

从笔者小学到中学，再到大学、研究生20多年的学校教育经历中的体会，审视怎样的老师才是融入教育的老师，才是一个好老师的问题，得出上述认识。笔者相信，不同的学生一定有自己不同的喜好，从而给出不同的答案。有的学生喜欢才高八斗、愤世嫉俗的；有的学生喜好能唱会跳、执着疯狂的；有的学生喜欢谈吐高贵、品位超凡的……面对学生的多元化的喜好，作为教师，我们或许也曾因此而迷失，不知何去何从。有的老师甚至为了取悦学生而迷失自己，做着不真实的事情，说着言不由衷的话，为自己编织一个个虚幻的光环，最后深陷其中，无法自拔。我们无权责备这样的老师，但是，我们要自问：最后留给学生的是什么？要想给学生留下一点应该留下的东西，不要求作为教师的我们成为圣人，但

❶ 叶竹盛．法官和律师［J］．南风窗，2013（7）：7.

是我们应该用“真心”服务学生。从真诚与热爱学生的角度看，我们务必做到如下状态：如果你不够知识渊博，至少给学生一些精心准备的知识；如果你不够激情，至少给学生一些老老实实的真诚。长久赢得学生的，不是靓丽的长相，不是恶俗的笑话，不是矫揉造作的“沧桑”，不是惊世骇俗的怪论。最终赢得世界的，唯有真诚和宽容。

★ 融入就是一种与人和谐相处的态度

处于门槛阶段的大学青年教师，要融入工作，其中很重要的就是学会与很多人建立良好的工作关系，而其中最大的一个群体就是你的同事。使自己得以融入的一个最好的方法就是做一个别人信赖并向你寻求帮助的人。但这个有一个特别的前提，那就是需要我们尽快建立自己的专业声誉，而专业声誉的一个最重要方面就是你是一位值得信任的教师。优秀的教师被认为是那种无论大事小事都能让其他人信赖的人。这种信赖带来的回报是无价的。

★ 融入就是具有成功的前摄性态度

虽然在职业入场的阶段，我们有很多无法驾驭的方面，但是我们还是有能力把握成功的重要秘诀，那就是我们自己的态度。把“态度”看作推动我们融入自己工作环境的手段。为了让自己成为一名优秀的教师，作为门槛阶段的我们，应该学会接受并具有以下五种可以推动我们成功的前摄性态度。

第一，成为团队的一员。虽然大学青年教师正在跨越门槛或刚刚跨过门槛，但是已经成为专业教育者团队的一部分。家庭、教师、社会中其他成人以及学校的支持性教职工，所有人都在为学生服务、工作。为了学生的共同利益，身为大学教师团队中的一员，我们必须与其他成员开展合作。

第二，做一个终身学习者。既然我们是一名大学教师，那我们就迈入了自我教育的一个新阶段。做教师，一个最好之处就是我们会有许多成长的机会。下定决心通过终身学习掌控自己的教育生涯。在我们每天的学校生活中，抓住那些能使我们成长和学习的机会。

第三，相信所有的学生都有学习的需要与能力。其实，这一点是毋庸置疑的，任何一个人来到这个世界上，要想在这个世界上顺利走过一生，都需要教育赋予一个人顺利走过一生的知识与能力。成为大学教师，就应相信所有的学生都能在大学取得成功，这样我们就抓住了令自己与学生成功的职业本质和精髓。当作为教育者的我们以这样一种态度去行使专业职责时，我们的校园生活就充满了让学生热爱学习的意义。

第四，为自己身边发生的事情负责。作为一名教师，尤其是大学教师，如果我们浪费时间去责备学生、媒体、其他教师以及社会，并把我们自己和学生经历的问题归咎于这些因素，那么我们必然不会着眼于怎样解决问题。如果我们对自己身边所发生的事情负起一定责任，那么我们的学生就将得到很好的发展。

第五，教好每一天。既然我们成为一名大学教师，就应该忘掉过去那些我们可能经历过的消极体验，并且不要为将来可能出现的问题所困扰。致力于提高目前的知识技能，相信将来车到山前必有路。

四、嵌入到融入：难以开始的和谐吗？

★ 难以跨越理想化与零碎的认知结构

刚刚职业入场的大学青年教师有着特定的认知结构。在职业信念上，刚刚开始教师职业生涯的青年教师胸怀美好的教师职业期望，希望在实际工作中施展才华。但是，青年教师还没有进入教师角色，仍然以学生的眼光看待学生、教师、学校和社会。此时他们的教师信念、学生信念、学校与社会关系的认识偏理想化。没有教学经验，学科专业知识偏零碎，这就导致作为门槛阶段的大学青年教师的教学信念和学科信念是经验主义的。在现实的冲击下，其理想的教师信念、学生信念和经验色彩的教学信念、知识信念间的矛盾开始显露；在专业知识及其组织上，由于大学一直以来课程设置得不尽合理，大学青年教师的知识结构往往以学科专业知识为主，同时拥有零碎的一般教学原理与原则、零碎的学科教学的原理与原则、抽象的学生知识，而教育教学的实践性知识比较缺乏。表现在一般教学知识上，大学青年教师缺乏课堂管理和活动组织的经验，其课堂教学规则较为含糊，且不容易坚持执行下去。表现在教学知识上，大学青年教师不了解学生的学习和知识，缺乏对学生原有知识水平的认识，缺乏学生前概念的认识，常常缺乏或者不会运用教学策略。

★ 难以跨跃僵化的认知特征

一是在教学计划特点方面。大学青年教师要花大量的时间去准备第二天的教学，由于时间与知识的原因，不会进行周教学计划、单元教学计划与学期教学计划。在计划时更多地考虑教学内容的罗列，教学内容之间的链接也缺乏过渡，显得死板生硬；在教学注意的特点方面，大学青年教师在上课的过程中，往往只顾语言的组织、PPT 的堆砌、教学内容的按时完成，而忽视学生学习与接受知识的质量、上课时的表情反应与学生的注意情况等。二是在教学决策的特点方面。大学青年教师在面临意外的教学事件时，由于缺乏一定的知识与经验，因而不能有效地进行教学决策。作为大学青年教师，要么在教学事件的处理过程中越来越远离正常的教学轨道，要么对教学事件置之不理，仍按照原先的计划进行教学。三是在教学反思的特点方面。其反思是零散的、具体的，主要反思的是教学效果与效率，关注的是课堂情景中各种技巧和技能问题。四是在教学效能感特点方面。教学效能感是指教师对自己影响学生学习行为及学习成绩的主观判断，分为一般教学效能感与个人教学效能感。前者是指教师对教育在学生发展中的作用等问题的一般看法和判断，后者指教师对自己教学工作能力的认可程度。[1] 大学青年教师在面临复杂的教学任务时，经常会感到一种对现实的震撼，我们只能根据自己在学生时代的相关信息做出教学工作的预期结果，这样的预期存在不明确性、不稳定性。加之自身的教学工作能力还没有得到验证，对自己的教学效能也无法作出判断，大学青年教师一般容易受到各种困惑，感觉自己不能胜任工作，成就感不明显。根据著名心理学家林崇德先生的理论，可总结出表 1－2 中关于大学青年教师教学效能感特征（与专家型教师比较而言）。

---

[1] 杨翠蓉. 教师专业发展：专长的视野［M］. 北京：教育科学出版社，2009：49.

表 1－2　大学青年教师教学效能感的特征❶

一般教育效能感	1. 克服外在环境负影响的能力知觉不高 2. 克服学生差异的能力知觉不高 3. 对学生的行为和成就不抱正向期望 4. 教学目标模糊，缺少实现目标的策略
个人教学效能感	1. 对自身专业能力的知觉不高 2. 对自身教学能力的知觉不高 3. 尽心教学的能力知觉不高 4. 教学的个人成就感不高 5. 对学生学习的个人责任感不高 6. 教学活动中情绪不稳定 7. 缺乏坚定的教学信念

★ 难以消除职业入场时的缥缈感

缥缈是一种隐隐约约、若有若无的感觉。这种“缥缈感”具体可表现为以下几点。第一，青年教师不受重视。青年教师如果真正得到重视当然是件好事，但不受重视似乎也是可以理解的。别人对你连基本的了解都没有，怎么重视？实际上，刚刚入场的青年教师，由于自身的底蕴不足、训练不够，若真被重视，恐怕压力又大，易产生焦虑。第二，什么事情似乎都喜欢使唤青年教师。年轻人好使唤，故领导与同行好使唤年轻人。有人叫你做事是好事，就怕没有人叫你做事。别人使唤是眼中有你，有些人想被使唤还没有机会。在做事中可以学习本领，获得智慧和成长，建立需要做事的人之间的情感。第三，对青年教师与中老年教师两样对待。在很多事情与场合，青年教师与中老年教师得不到平等对待。如果在这个阶段中青年教师心态稍微不好，就容易导致缥缈感的产生，认为自己在学校是可有可无的感觉。由此，刚刚职业入场的大学青年教师需要跨过门槛，从嵌入走向融入。

★ 难以消除职业入场时的孤独感

即使是有经验的教师，也离不开他人的支持。每一个成功的人都离不

❶ 俞国良．林崇德论心理学视野中的教师培养与发展［J］．教育研究，1999（10）．

开一个支持性的工作环境。在这样的工作环境中，大家可以诉说自己的不愉快以减轻压力，也可以分享观点和解决问题的方案。可惜的是，刚刚职业入场的大学青年教师面临的一个最大障碍就是缺乏这种必要的支持，因此变得特别孤独。被当作“圈外人”对任何人来说都没好处，对刚刚职业入场的大学青年教师尤其有害。这是因为同事的支持与帮助对新教师来讲特别重要。

★ 难以建立职业入场时的信任感

人不是汪洋大海中的孤岛，互相之间必须不断地连接，才能生存与发展。而信任，就是人与人之间建立沟通纽带的桥梁。那么，人与人之间的信任感是从何而来？对于刚刚入场的大学教师而言，其实，在经过从诸多简历中筛选、比较、考核、确认之后选择的过程，就是对这些人产生信任的第一步。或者说是学校以及某一学科共同体的老教师信任这些年轻人的开始，只不过，这种信任的开始以及入场后很长时间的磨合，都不是一件容易的事情。因为那些足以得到别人信任的关键特质的获得需要一定的时间与过程，如开心、愉快、阳光、积极、主动、细心、周到、可靠等，概括起来说就是“亲和力”，一个大学青年教师的这种“亲和力”的散发与得到别人的认同需要一定的训练与努力。

★ 难以融入特定的教育情境

“教育是情境性的、实践性的”“教育的情境是我们每天教育活动、教育实践的场所。教育时机就位于这种实践的中心。”❶ 每一个教育情境都要求有所行动，教育的时机就是这种行动的机遇，这种行动是在教育情境中的全身心投入，这种全身心的行为能力就是教育机智。教育机智“是在教育时机行动的语言。机智的行动是一种对情境的即可投入，在这种情境中我们必须全身心地对出乎预料的和无法预测的情境做出反应”。这就是教师与学生每时每刻都生活在其中的生活世界。情境、际遇、行动，总会出乎预料而无法预测其特性，正是这样一些特性，使教育的生活世界“具有

---

❶ [加] 马克斯·范梅南. 教育机智——教育智慧的意蕴 [M]. 李树英，译. 北京：教育科学出版社，2001：43.

令人难以置信的丰富意义”。这些丰富的意义是在特别的、具体的情境中发生的行动，它们的发生是交互式的。从这个意义上看，教师是在教育中不断生长的，教育说到底不是教师怎样去认识它，甚至也不是教师怎样去完成它，而是教师如何不断地去“创造”它。据此可说，教育不是教师的工作与职业，而是教师的生命场域，是教师的生活世界，教师就在“教育”之中，尤其是大学教师更是如此。然而，这样的教育情境，作为刚刚职业入场的新教师是需要历练与认识的，否则难以融入特定的教育情境。

本章小结

嵌入到融入是难以开始的和谐吗？

回答是否定的。任何一个人，在其人生历程中，都会面临一个或者几个拐点，拐点即转折点，转折点是人在成长过程中的一种必须面临的节点，经历这个节点或许让一个人愉快，或许让一个人痛苦，关键是如何选择与看待自己的这个节点。大学青年教师只要理性地认识大学教师初期所面临的关键问题，并且清晰地把握处于拐点初级阶段的嵌入问题，就能顺利地步入作为拐点高级阶段的融入阶段。那么，从嵌入到融入的过程就是一个刚刚从学校毕业而选择大学教师职业的人能和谐地开启自己职业之旅的开始。

第二章

学生，教师——身份的转换

从学生身份向教师身份的转换，就是从就业阶段向职业阶段的转换。就业是一个人加入一个行业的初始过程，是工作开始的基础。就业阶段要向职业阶段转换，一般需要5年以上的摸索与积累。职场新人一般要很多年才能真正成长为一个职业人士。刚刚迈入职业场的年轻大学教师，不要心急，在进入一个职场后，需要时间了解、尝试与修正自己，以建立自己的职业习惯，定位自己的职业角色。如果职业角色定位立场或者出发点偏了，教师职业恐怕将成为学校教育发展的阻碍。

一、身份获得：职业人的表征

★ 大学青年教师首先要回答“我是谁”的身份认同问题

“身份是社会成员在社会中的位置，其核心内容包括特定的权利、义务、责任、忠诚对象、认同和行事规则，还包括该权利、责任和忠诚存在的合法性理由。”❶ 以这个定义理解大学青年教师的身份，可以理解为，其在大学以及社会中具体位置上的教育权利、教育义务、教育责任、忠诚对象（知识与学生）、行事规则（教书育人的规则）等。“认同说到底是对

❶ 张静．身份认同研究：观念·态度·理据［M］．上海：上海人民出版社，2006：4.

自我身份的寻找和确认。”[1] 身份认同主要是对自己所从事的职业的自我认同。自我身份认同是在社会分类基础上或话语框架中通过回答“我是谁”“我想成为谁”“我应该成为谁”“我能够成为谁”“我从哪里来，我要到哪里去”“我曾经是谁，我现在不是谁”等问题进行自我主体身份建构而实现的。大学青年教师，从职业入场起步开始，在回答这些问题并主动确认自我身份时，既通过某种自身个人独有的特征将自我与他人区别开来，形成强调个体差异的个体自我，又通过大学教师这个特定的群体共享的特征将自我与他人联系在一起，形成强调具有相同特征的集体自我（组织自我与社会自我）。而在前述几个身份认同问题的梳理之中，首先需要刚刚职业入场的大学青年教师回答与思考的问题便是“我是谁”。“我是谁”是一种以价值理性为主导的问题，要求具有主体参与性价值的陈述。提出“我是谁”旨在弄清楚“大学教师是以什么样的特殊性使其不似偶然凑在一起从事教育教学目的的人同那些不适应于此种目的的人区分开来，从而通过某种共同品质把适合从事教育者组织成为一个自觉的教师职业群体，相互理解、相互信任、相互合作，为共同的教育理念而贡献自己的力量”。[2]

吕素珍．现实与超越——大学教师理想角色形象研究［M］．武汉：华中师范大学出版社，2012

---

[1] 贾英健．认同的哲学意蕴与价值认同的本质［J］．山东师范大学学报（人文社会科学版），2006（1）：10.

[2] 吕素珍．现实与超越——大学教师理想角色形象研究［M］．武汉：华中师范大学出版社，2012：38.

★ 自己碰巧获得了大学教师的职业身份

简单回想一下自己成为一名大学教师前的历程，可以说自己是冥冥之中与教师职业结下一种缘分。中考时，自己的中考分达到了本地区中等师范学校的录取线，但是由于自己朦胧的潜意识里“不喜欢”当教师，所以报志愿选择了中专学校，但是因分数没有达到中专学校的录取线而选择了读高中；高考后，还是被师范大学录取。本科所读专业是师范专业，本科毕业后找工作在一家中等专业学校做老师。本科毕业前一年，抱着一种尝试态度参与了全国硕士研究生招生考试，放弃本科毕业后去一家中等学校工作的机会，接着读硕士研究生；硕士研究生毕业后，还是到学校当老师——只不过做的是大学教师。

笔者硕士毕业答辩授予学位后与导师伊继东老师在国立西南联合大学遗址的复制大门前合影

从自己上述当教师前的心理情况可知，不是所有的教师都会从小就立志要当教师，在当了教师的人中，有的人甚至可能到了大学毕业、硕士毕业以及博士毕业还没有想到要做教师。有的人是一毕业就决定要当教师，有的人却是毕业多年后才做这样的决定。有的人是因为在本专业领域找不到工作才决定要当教师，也有的人是因为在思想斗争了多年之后终于发现教书是他们唯一感兴趣的工作。还有的人是在从事别的行业一定时间之后，发觉这份职业没有像教书那样令人满意或者有成就感——尽管这份职业可能比教书挣得多——才决定要当教师的。因此，自己成为大学教师，在很大程度上是一种碰巧！

★ 教师作为办学第一资源的身份表征

荀子曰："国将兴，必贵师而重傅；贵师而重傅，则法度存。国将衰，必贱师而轻傅；贱师而轻傅，则人有快，人有快则法度坏。"这句话道出了尊师的重要性与尊师的多层面，不仅学生要尊师，家长要尊师，国家领导要尊师，社会要尊师，而且首先更应该表现在学校的领导尊师。"教师是办学第一资源"❶ 这一理念就蕴含了尊师的理念。只有尊重教师，才能把学校办好。尊师，校领导首先要有健全、和谐的人格。除了知识结构、能力结构以及敬业爱师、勤奋投入以外，校领导还必须具备高尚人格，容易与人沟通并善于化解矛盾。尊师，校领导要为教师实现自身价值创造条件。教师队伍素质和学校事业的发展，都是教师主动追求发展的需要和追求自我价值实现的基本动力。尊师，不能无视教师的基本物质需要和情感。尊师，校领导要换位思考。只有懂得换位思考，才能真正做到尊重人、理解人、关心人、欣赏人、赞美人、谅解人，才能像孔夫子说的那样"己欲立而立人，己欲达而达人"。尊师，校领导要了解、尊重教师，并关心教师身心健康。在了解教师实际生活、工作情况基础上，尊重并关心教师，不仅表现在关心教师的住房、工作、学习、生活等方面，还应该表现在关心教师的身心健康上。如此，才能突显"第一资源"的特定身份内涵。

★ 教师作为"传道者"的身份表征

关于教师的身份问题，中国古代早就对这个问题有了较全面与相对准确的定位。唐宋八大家之首的韩愈所做的中国教育史上第一篇专门论述教师的名篇《师说》对教师的身份做出了定位，指出："师者，所以传道、授业、解惑也。"

要传道，教师自己首先应该从自己选择当大学教师那一刻起就要成为一个有道之人。"传道"主要是指传授一定的人生观、世界观、价值观、

---

❶ 曲靖师范学院"四个第一"的办学理念之一。"育人是办学第一使命，教师是办学第一资源，教学是教师第一天职，发展是办学第一要务。"

思想体系、行为规范等。进一步解释，“道”主要是指方向、方法、道理、事物的规律、事情或者问题的是非得失的根据、理由、打算等。总之，教师讲知识，关键要讲清楚“原理”。这是道的核心。

★ 教师作为“授业者”的身份表征

要授业，教师自己首先应该从自己选择当大学教师那一刻起就要成为一个有特长与专长之人。要成为一个良好的“授业者”，前提在于术有专攻，业有所长。“授业”主要是指传授学业，即将人类在长期的社会实践中获得的知识、经验、技能，经过精心加工整理后传授给学生。从广义上看，“授业”所指涉的范围是很广泛的，整个“为学之道”与“为学之事”，都属于“授业”范畴；从狭义上看，主要是指已确定的“教学目标”“教学计划”，选择恰当的“教学内容”，进行教学管理。

★ 教师作为“解惑者”的身份表征

要解惑，教师自己首先应该从自己选择当大学教师那一刻起就要成为一个有知之人。“解惑”主要是指导与帮助学生解决学习中遇到的困惑、疑难，启发学生的智慧，就是帮助学生在认识层面上由不了解到了解。实现这个认识层面的目标，需要教师与学生在面对学生的困惑过程中进行“解答”，针对困惑与疑惑解释回答；进行“解难”，即解决学习中的困难与疑难；进行“解释”，即针对学生不明白的地方进行分析阐明，说明含义、原因与理由；进行“解说”，即针对学生困惑进行解释说明；进行“解忧”，即针对学生经过冥思苦想后仍然为解决不了的问题而感到忧愁时，帮助其排除心中的忧愁。

★ 教师作为“助产士”的身份定位

传道者、授业者与解惑者等身份的含义，最终都可以用一个词语给予概括——助产士。在本义上，助产士是在正式助产学校学习或具有同等能力，能独立接生和护理产妇的中级医务人员。“助产士”的身份定位来源于苏格拉底的教育思想。苏格拉底之父是雕刻师，其母是助产士，家道小康。双亲这种职业，被他引喻为教学方法。一方面借雕刻师之层层雕剥，使教学材料更为鲜明，从粗糙不堪又浑浑一团中渐出轮廓，最后做出精致与完美的产品。另一方面也将知识的获得比作婴儿的降生，在二者相互对应的情境里，产妇就是学生，助产士就是老师，产房就是教室，而婴孩就是观念。“产婆术”（Maieutics）之名与苏格拉底同在。“助产士”一词很好地说明了在学习过程中，师生各自的位置。老师只是起引导作用，学习的主体还是学生自己。学生要不断地挖掘自身，勤于学习思考，只有如此才能做到“腹中有物”。如果自己都不爱积极主动，腹中空空，那么再好的“助产士”也帮助不了学生。

苏格拉底英译：**Socrates**；公元前**469**～公元前**399**，著名的古希腊思想家、哲学家、教育家。苏格拉底出生于希腊雅典一个普通公民的家庭。其父是雕刻匠，母亲是助产士。苏格拉底生就扁平的鼻子、肥厚的嘴唇、凸出的眼睛，笨拙而矮小的身体。他容貌平凡，语言朴实，却具有神圣的思想。他有两句名言，“教育是把我们的内心勾引出来的工具和方法。思想应当诞生在学生的心里，教师仅仅应当像助产士那样办事”；“我的母亲是一位助产士，我后来的工作虽然与接生无关，但我却像母亲一样做着类似‘接生’的工作——帮助别人获得知识。”❶

二、身份转换：角色的时空挪移

★ 角色意识：教师特定角色的观念前提

“角色”原意指“面具”，指演员在戏剧中扮演的具有一定性格的人物。后来，人们用“角色”一词来表征社会中具有某种行为规范和行为模

❶ 王芳．哲学原来这么有趣［M］．北京：化学工业出版社，2013：12.

式的人及其由此带来的特定的身份与功能。“教师角色”是指教师在教育教学活动中所应具有的与其职业相符合的行为规范或者所应扮演的行为角色。正确理解自己角色内涵的前提是大学青年教师从职业入场开始就应该确定其特定的角色意识。角色意识是形成角色权利与义务、地位和作用观念的前提。角色意识中渗透角色的自我认可、自我评价，因而它又是角色自信心、自尊心的源泉。正确的角色意识可以使所担当的角色得以成功，反之，错误的角色意识可以使所担任的角色趋于失败。如果一个大学青年教师角色意识不强，则会导致角色差距，甚至会角色失真。一所大学，如果大学里边的人不能各安其分，各尽其职，出现角色失真或角色反串，就是大学教师角色混乱的开始。从角色上讲，专门从事教学与科学学术工作的大学教师不能同时是“行政管理人员”。在特定场合中，角色都是特定的，不能用一种角色替代其他角色。一个大学教师在商场里购物只能是“顾客”，在剧场看戏只能是“观众”，在公共汽车上就只是“乘客”，而不是什么特定的职业者角色。因此，大学青年教师在职业入场一开始就需要有一个清晰的角色意识。

★ 角色功能：连接教师个体与社会关系的双重结构

“角色就是处于一定社会地位的个体，依据社会客观期望，借助自己的主观能力适应社会环境所表现出来的行为模式。”❶ 从社会学层面理解角色的内涵，主要包含两个部分——社会的客观期望与个体的主观表演。社会中的每一个个体总是处在一定的社会位置上，即具有一定的社会地位。社会对每个处在一定社会地位上的个体有一定的要求，即社会对个体的期望。与此相应，每个人在采取一定的行动时，都会想象与之互动的人及其他人对自己的期待和要求。在完成某种行为之后，还会揣摩对方及其他人对自己的评价。当个体依照社会对他的要求去履行义务、采取行动时，就是在扮演一定的角色。同时，个体的角色扮演还受到自身主观能力的影响。个体的主观表演能力包括对自身角色的领悟能力与角色扮演的技能，如理解、表达、判断等能力。如果说社会期待规定了个体角色行为的共

---

❶ 周晓虹．现代社会心理学［M］．上海：上海人民出版社，1997：361．

性，那么，个体的主观能力则决定了角色行为存在丰富的个性。个体在社会中的角色行为是这种共性与个性的综合表现。大学青年教师从大学准许其进入大学这个社会组织担任教师职业开始，就拥有了大学或社会的客观期望与个体的主观表演这两种角色内涵。其在大学教师职业角色上的主观表演能力就成为其嵌入大学或社会的客观期望的连接点。

★ 角色定位：大学青年教师的静态角色与动态角色

首先，大学青年教师的静态角色层面。角色对人的行为具有巨大的约束力。大学青年教师从拥有大学教师职业角色的那一刻起，就意味着获得途径的自致性、角色规范的规定性与角色目标的表现性。大学青年教师角色的自致性指其秉性是大学青年教师个体有意识活动的结果，又是个人自主选择的结果。大学青年教师角色的规定性指大学教师是一种典型的规定性角色，指权利、义务、行为规范、应当做什么、不应该做什么、应该怎样做、不应该怎样做都有严格与明确的规定。大学青年教师角色的表现性是指大学青年教师的社会角色不是以获得经济上的效益为目的，而是以表现人才培养秩序、质量、效能、道德、正义为目的。这些角色归属对大学青年教师的角色定位比较有意义。这些角色归属完全吻合莫顿所说的专门职业的求知价值、实用价值与援助价值。[1] 对于大学青年教师而言，求知就是作为大学教师这一专门职业角色具有试图获取系统化知识与专门技能的价值；实用就是作为大学教师这一专门职业角色具有获取训练有素的能力与技术技巧的价值；援助就是作为大学教师这一专门职业角色利用专门的知识与技能来为学生服务的价值。其次，大学青年教师的动态角色层面。当一个大学青年教师具备充当其角色的条件，担任大学教师这个角色，并遵循这个角色所要求的行为规范进行教育活动时，这就是大学青年教师社会角色的扮演。无论是自致性角色还是先赋性角色，角色的演绎更为重要，并且一定程度上是对角色条件的反复检验。大学青年教师角色扮演的条件有主观条件与客观条件。在主观条件上，大学青年教师角色扮演

---

[1] ［美］罗伯特·K. 默顿. 社会研究与社会政策［M］. 林聚任，等，译. 北京：生活·读书·新知三联书店，2001：141.

的主观条件除了对角色扮演所要求的精通的专业知识、熟练的职业技能、娴熟的教育思维能力之外，更突出地表现为大学青年教师的职业认知能力。在客观条件上，大学青年教师的角色扮演需要具备支撑起角色扮演的衣着、打扮、仪容、外表以及一系列看得见、摸得着的道具。

★ 角色相处：教师共同体中与他者角色间的关系

角色相处的第一个层面是指进入教师角色环境中需要处理与自身同在一个时空里同事的关系，也就是教师关系的问题。对于刚刚职业入场的大学青年教师，要充分认识同事关系并建构良好的同事关系。良好的同事关系是青年教师专业发展与身心健康发展的重要支持系统。大学教师是一个社会的高素质群体，担负神圣的育人使命，与其他人际关系相比，教师关系相对单纯、易处。但是也并非必然如此，大学教师或多或少与“文人”沾边，文人既可能“相亲”，也可能“相轻”，在一起工作时间长了，难免产生人际关系的摩擦与矛盾。大学青年教师要从一开始就注意建构教师关系的一致性，摒除教师关系的冲突性。和谐教师关系的建立，关键在于妥善处理教师关系的一致性与冲突性的矛盾。首先，不妨把自己视为学生。青年教师在学生面前要注意树立教师形象，但在同事面前，不妨把自己看作学生，把自己看小一点、看轻一点、看低一点，更可能让别人看重自己、高看自己。其次，积极关注同事。积极关注是要看到他人的积极面、光明面，这样才有利于自身的进步。青年教师需要虚心向中老年教师学习，看到他们身上的某些局限，并时时警醒自己，刻苦钻研，与时俱进。再次，珍惜同事缘分。中国古话说：“同船共度，前世所修。”茫茫人海，能彼此相识，已属不易，而贵为同事，自当特别珍重。尽己所能，积极帮助同事。大学青年教师在人际关系上应该相信，助人就是助己，自私不会自利。再其次，认同朋辈强者。朋辈中的强者容易使自己产生妒忌心，但强者是自己成长的动力，强者为自己的成长提供榜样。最后，不锱铢必较，不怕吃亏上当，得失从长计议。青年教师可能在部门或单位中所做的事情多，但是得的名利少。作为青年教师不应该埋怨得失，而要看到付出后的回报。不要羡慕旁门左道、投机取巧得到的好处。风物长宜放眼量，重要的是踏实做事，有名利来固然是好事，没有得到奖赏也不必去计较。

青年教师若能意识到自己以后的机会多多，做到在必要的时候放弃眼前的名利，把好处让给别人，这不仅提升了自己的境界，而且会赢得别人的赏识与帮助。

角色相处的第二个层面是指进入教师时空需要处理与自身同在一个时空里领导的关系。校领导掌握学校的诸多资源，是青年教师发展与成长的“重要他人”。大学青年教师一定要从一开始就处理好与校领导的关系，为自己的专业发展创造良好的管理支持。与前述教师间的关系一样，教师与校领导的关系也存在一致性与冲突性。一致性指教师与校领导都是学校的一个成员，区别仅在于分工不同。学校的发展关系到每一个成员的切身利益，做好本职工作，促进学校发展是教师与校领导共同的追求。校领导如果善于给教师创造一个良好的工作环境，就能较好地调动教师的积极性，实现教育业绩。冲突性则指校领导是管理者，通常情况下，教师是被管理者，教师希望个人利益得以最大化，校领导要协调、制衡各方面的利益关系。若其中一些基本的管理机制没有理顺，往往会导致教师个人产生较多的分歧和对立。大学青年教师从一开始就应该认识到会存在这样的问题。认识清楚自身与校领导之间的关系特征后，需要我们做的便是处理好与校领导的关系：第一，要尊重领导。尊重领导不需要功利性的理由，因为我们应该无条件地尊重他人。第二，要服从管理。在一般情况下，服从是职场人必备的特质。一般情况下，不服从绝对不是有个性有创造的表现，个性孕育在共性之中，创造性不排斥规范性，不服从者会使自己游离于集体之外，沦为异类，反而丧失了个性、创造性形成的资源。第三，善于与领导沟通。沟通是解决冲突、加强理解、和谐共处的有效手段。大学青年教师有意见、委屈，完全可以与校领导沟通。第四，用工作业绩赢得校领导的关注与赏识。全心全意做好本职工作，是搞好与领导关系的最好手段，也是最根本的手段。领导最需要的是能做好本职工作的人。大学青年教师在做好本职工作过程中获得的良好的专业发展，是搞好与领导关系的资本。第五，避免陷入领导层的派系斗争。由于某些原因，有些大学的领导层内会形成不同的派系，各派系都在积极物色、培植、发展自己的力量，以应对派系斗争。大学青年教师千万别受到眼前利益的迷惑，历来的经验证明，派系斗争的结果是两败俱伤。以学校的利益为重，坚持做人的伦理规范，训练好自己的人品与操守，这才是育人的关键。

三、学生到教师：为何身份难以转换？

★ 没有深入思考自己作为大学教师的价值所在

如前所述，身份就是个人在社会中的位置，即地位。换句话说，身份是指个人在他人眼中的价值与重要性。从这个定义出发，“大学教师”这一身份赋予了“大学青年教师”究竟什么样的价值与重要性？或者说，大学青年教师在其他人眼中的价值和重要性是什么？人既然以个体存在，就必然具有相应的身份和相应的生存权利。“大学青年教师”这个名称显而易见地传递了一种信息——我们对处在不同地位的人是有区别的。为什么要特别把大学青年教师这个群体拿出来说事，就是因为大学青年教师的身份还有“低微”之处，不被关注，或者说获得真正的关注较少。加之大学青年教师自己处于社会转型期，忙于寻求一份能够谋求生存的工作而无暇顾及或无暇思考自己在获得了一个身份之后是否能够得到他人的重视或尊重，无暇深入思考自己成为大学教师的价值究竟在哪里。所以，大学青年教师如何正确认识大学教师职业对自我、学生、国家与社会的价值，以及自我如何承担相应角色，即自身的角色与价值何在，而这些是很重要的。其根本出发点在于“自我价值的实现”——大学教师职业之于自我，是对自我价值的直接表达，之于学生、国家和社会，则是对自我价值的间接表达。三者共同构成大学青年教师关于从事大学教师职业对于实现自我价值的看法与观念。这个观念与看法，在某种意义上，决定并左右大学青年教师的角色定位、工作态度、教育策略与教育水平。所以，对于刚刚从学生身份走向教师身份的大学青年教师而言，正确认识这份职业对于自我价值实现的意义与作用是必须的、是必要的。

★ 对自身价值的判断有一种天然的不确定性

著名心理学家威廉·詹姆斯在《心理学原理》中说道：“如果可行，对一个人最残忍的惩罚莫过如此：给他自由，让他在社会上逍游，却又视之如无物，完全不给他丝毫的关注。当他出现时，其他的人甚至都不愿稍稍侧身示意；当他讲话时，无人回应，也无人在意他的任何举止。如果我们周围每一个人见到我们时都视若无睹，根本就忽略我们的存在，要不了多久，我们心里就会充满愤怒，我们就能感觉到一种强烈而又莫名的绝望，相对于这种折磨，残酷的体罚将变成一种解脱。"❶ 对此，我们不禁要问，为什么被漠视能让人如此愤怒与绝望，甚至最残酷的体罚也都是一种解脱？他人对我们的关注之所以如此重要，主要原因在于人类对自身价值的判断有一种与生俱来的不确定性——对我们自己的认识在很大程度上取决于他人对我们的看法。我们的自我感觉与自我认同完全受制于周围人的评价。

威廉·詹姆斯［William James，1842.01.11～1910.08.26］，美国本土第一位哲学家和心理学家，也是教育学家，实用主义倡导者，美国机能主义心理学派创始人之一，美国最早的实验心理学家之一

从这个层面上说，大学青年教师的身份地位决定我们可能赢得多少他人的重视与关注，而他人的重视与关注又是我们看重还是看轻自己的关键。这对大学青年教师是很重要的，是打开关爱之门的钥匙，没有他人的关注与重视，大学青年教师将在职业起步之初失去自信，就难以按照自己的秉性发展自己、进行教书育人。被他人漠视与被他人重视的结果如下表 2－1 所示。

---

❶ ［美］威廉·詹姆斯．心理学原理［M］．郭宾，译．北京：中国社会科学出版社出版，2009：147.

表 2－1 被他人漠视与重视的结果

	他人的看法	自身的感觉
被他人漠视的结果	你是一个失败者 你无关紧要 你毫不起眼	我丢人现眼 我是一个小人物 我愚笨之至
被他人重视的结果	你充满智慧 你很重要 你非常成功	我聪明 我受人欢迎 我受人尊重

可见，刚刚职业入场的大学青年教师要很好地进行自我价值判断，并需要一个建构“被他人重视的”环境，尽量消除或者减弱对自身价值判断的那种天然的不确定性。

★ 从学生角色到教师角色难以快速转换

大学青年教师职业入场一段时间之后，拥有一定的亲身体验与感性经验，很多大学青年教师往往会从初为人师时兴奋、激动的“新婚蜜月”转向失望、萎靡的“婚后不协”——对与学生交流、批改作业等烦琐、重复的教育教学工作，对教师形象和行为规范等制度化和统一性的教育规律，产生厌烦心理；对人才培养与学术活动的高要求、高投入和低回报、低产出、教育理想和教育现实之间的巨大落差，产生迷惘、逆反、失望心理；对新的复杂的人际关系产生心理不协调等。很多大学青年教师对业余生活、个人自由、高报酬、理想课堂变革、合理的社会评价的向往、期待，对繁重的教学任务、来自领导的期望或批评、同事的非议、学生与社会的不理解等都会产生惧怕。这些问题导致从学生身份到教师身份难以快速转换。因为大学青年教师存在知识结构单一、技能准备不足、理想与现实反差明显以及心理素养准备不足等问题。而要解决这些问题，需要一定的周期与过程。

★ 从同学关系到同事关系难以快速把握

同学关系与同事关系是两种不同的人际关系。在学生时代的同学关系很单纯，而同事关系要复杂一些。教师是一个特殊的职业，教师绝不是个体劳动者，他的全部工作价值在于与人交往，与同事交往、与学生交往的一系列活动组成其全部生活。因此，教师实际上处在不同文化的冲突点上。这一方面令人兴奋不已，另一方面让人焦虑与惶恐，每一个大学青年教师在这个时候都可能成为一个“孤岛”。我们既渴望被主流文化接纳，又可能担心由于过于追赶这种陌生的文化而显得“可笑”。我们进入一个特定的大学组织工作、创业，希望以自己的业绩获得同事、同学的认可，并获得尊严，但又因时时提防他人的歧视与偏见而显得有些焦虑或自卑。因为同事关系的冲突性如果我们认识不到位与处理不好，就很难得到同事关系的一致性，从而导致同事关系被冲突性所遮蔽、掩盖。

★ 学生角色时期的个性难以与工作单位的组织个性对接

每一位大学青年教师在踏上教师职业之路以前，都有一个大学生活的经历。无疑，大学生时期，我们生活或愿意生活在一个特殊的时间与空间里，学业使我们暂时摆脱家庭与职业生活的节奏。学生身份可以受到大学时间安排的保护，不受整个社会时间与工作时间安排的限制。所以在学生身份时期形成的一些个性与教师身份应该具有的个性是不同的。这种在某一个时期所形成的个性力量很难挣脱单位组织的群体性个性力量。一个鲜明的个性可能难以在一个组织个性中存活，其“深层的原因就是害怕被孤立”。[1] 个体个性只能与组织个性一致。从这个角度讲，一个刚刚职业入场的大学青年教师，或多或少带有学生时代形成的一些鲜明的个性特征，进入某一个大学组织。所以，难以一下子捕捉到大学组织的惯有个性，个体原有的个性与组织的惯有个性难以对接。而组织个性往往又很难容忍一些鲜明的个体个性，这也导致大学青年教师身份转换的不易。

本章小结

从学生到教师：难以转换身份吗？回答是否定的。

大学青年教师从原来的学生身份变为教师身份，是人生的一次重大转

[1] 臧一民．纠结的中国人［M］．南京：江苏人民出版社，2012：13.

折。是从“求知者”转向“传知者”，从“一个理论者”转向“一个实践者”，从“一个未完全独立的人”转向“一个完全独立与独当一面的人”。身份的转换，不仅涉及具体工作的内容、方式转变，更涉及知识、能力、思想观念、思维方式、心理的转变。在这个转折过程中，大学青年教师要有意识地促使自己实现由学生时代的“被动状态”转变为教师的“主动状态”，由学生时代的“仿效状态”转变为教师的“表率状态”，由学生时代的“放任状态”转变为教师的“严谨状态”，由学生时代的“从众状态”转变为教师的“独创状态”，树立起他人喜爱的大学教师形象，以良好的姿态迎接大学教育的挑战。如此，从学生身份到教师身份的转换，自然就不再是一个问题了。

第三章

教学，科研——工作的统整

大学教师的使命在于让经历过基础教育的人成为更加完整的人，实现这个使命的最基本的两个途径是教学工作与科研工作。大学教师需要通过教学与科研完善自己、提升自己、发展自己，实现自己的价值。通过教学工作与科研工作，使大学生成为完整的人。

一、教学释义：一种师生的认知活动

★ 教学是教师第一天职

21 世纪，学习能力已经成为求生存、求发展的最基本能力，也是最重要的能力。在学校，这种能力的获得关键取决于“教学”，“教学是教师第一天职”这一理念蕴含了这个道理。教学，是教师“教”和学生“学”相结合或相统一的活动，具体地说，就是教师引导学生进行学习的活动。在这个活动中，学生掌握一定的知识和技能，同时身心获得一定的发展，形成一定的思想品德。这强调了“教师教”和“学生学”的统一。即教和学是同一活动的两个方面，是辩证统一的。“教”离不开“学”，“学”也离不开“教”；在教学中教与学彼此依存，相辅相成，既不存在没有“学”的“教”，也不存在没有“教”的“学”。教师的天职是教书育人，教学是教书育人的体现，学生学习能力的获得要靠教师的有效教学，即要引起学生学习的意向；要指明学生所要达到的目标和让学生清晰明白所学的内容；要采用易于学生理解的方式，让学生听清楚、听明白，因此，需要借助一些技巧，如重复、深入浅出、抑扬顿挫等。如果教师在教学中不具备这些条件，那么即使教师教得十分辛苦，也不能成为真正的教学。如此，“第一天职”才能体现其应有的内涵。

西南联合大学纪念馆火炬形石柱上刻清华大学校长梅贻琦先生所题的“教学相长”四个篆体字

★ 大学教学应该是一种批判性教学

西南大学彭泽平教授指出，所谓批判是指“批判主体借助理性对某一对象进行事实与价值上的认真审视、反思与评论，其本质‘在于通过反思与质疑而做出重新判断与理解’，这种判断与理解不是一般的是非判断与理解，而是以‘高深知识’为基础、以社会理想为标准的负责任的深刻反思重新理解”。[1] 对大学教师来讲，大学青年教师必须具有对自己的教学实践不断审视与理性反思的意识，既不盲从大学行政管理者、教学名家的意志，也不满足于既有的教学经验框架，不断超越经验性的教学思维模式，使自己的教学实践实现由“技术性实践”向“反思性实践”跨越，进而实现大学教师在“教”上的品质提升。大学青年教师从职业入场开始，就要

---

[1] 彭译平，等．守护批判本性：大学教学的超越之道［J］．高等教育研究，2013（1）：76－80.

把确立批判型教师作为自己的目标，因为批判型大学教学是大学批判本性的体现和批判功能释放的必然要求，是大学培养创新型人才的保障与要求，是大学知识创新和促进教师专业发展的要求。❶

二、教学问题：易发生的教学错误

★ 大学青年教师教学工作最初阶段可以避免的错误

教师职业的一个最有趣的方面就是，教师有很多从错误中学习的机会。尤其是新教师，人们往往认为新教师会犯很多错误，因为新教师将面临大量的新问题。新教师所犯的错误往往源于最好的初衷。作为刚刚入职的大学青年教师，会犯很多错。虽然在职业起步的过程中这是难免的，但有一些错误是能够通过些许的预见、常识与计划而避免的。尽量避免在职业起步时犯的一些错误可概括如下。错误一，你发现自己很容易与学生过分熟悉。保持以一个友好成人的角色面对学生，不要尝试成为他们中的一员。虽然让学生认为你是一个容易接近的人很重要，但你仍必须维护作为教师的威严。错误二，对于那些你没有认真准备的材料，你努力用自己的方式虚张声势加以掩饰。正确的做法是，留出充分的时间研读教材、设计课堂、准备讲义并收集其他材料。错误三，你应该拥有适当的休闲生活，又能为教学做足准备，你却做得不太好。一开始就不要有这样的想法："把工作看成闲暇的对立面。闲暇是令人愉快的，工作是迫不得已的。即使得到一些快乐，那也是意外的收获。"要把这种错误的理念转变为："工作是另一种形式的闲暇，工作本身充满乐趣。"错误四，你对于规则、政策以及如何应对纪律问题感到不大确定。虽然经验会使你相对容易避免这类错误，但你还是应该仔细熟悉学校的教育教学管理规定，搞清楚一些问题，并寻求一些帮助。错误五，建立一套上课的惯例程序，并且几乎从不改变。应打破常规，精心设计赋予创造性与吸引力的课堂，令学生感到惊喜并能集中注意力学习。不要让机械的常规阻碍学生的热情与动力。错误

---

❶ 彭泽平，等．守护批判本性：大学教学的超越之道［J］．高等教育研究，2013（1）：76－80.

六，你觉得如果让学生看见你真实的样子，他们与你的关系将会更好。没有人要你放弃自己的个性，但作为教师，尤其是大学教师，你必须将你与你的学生区分开。错误七，追求通过讲故事、笑话以及娱乐的方式教学，你感到很舒服。尽管偶尔的笑话与故事会活跃课堂气氛，但千万不要过分使用。你的学生不是你娱乐休闲的观众。学生与你一同进行教学，是为了学习，而你的职责就是传授知识。你可以通过有活力的课堂使学生专注学习，而不是肤浅的消遣。错误八，在下课铃响之前你的课就讲完了。这个在任何一位教师身上都容易发生，尤其是青年新教师。这个需要认真筹备。❶

★ **青年教师教学中常常出现的问题**

笔者自 2008 年 9 月成为大学教师，回想一下自己初期的教学工作，存在以下一些问题：仓促地讲述内容而不是教育学生；在某个单元上时间分配不当；不能把现在学的内容和以前学的内容联系起来；把教学聚焦于知识本位水平的思维技巧，而不是批判性思维水平；没有考虑到学习风格的差异；在开始新的教学前没有合理评估学生的预备知识；不能成功激发学

❶ ［美］汤普森．从教第一年——新教师职场攻略［M］．赵丽，等，译．北京：中国轻工业出版社，2007：11－13.

生探求新知识的愿望；不能准确安排学习一个单元的进度；忽略为每天的课，准备一个开场白；忽略为每天的课程准备一个结束语；对学生完全没有掌握的内容进行测试；没有提供适量的练习；在一个最终的测试前没有给予充分的“要点”测评；没有为本学年、本学期、本单元以及每天做计划……

2009 年 4 月 14 日，曲靖师范学院教育科学研究中心组织无课的教师参加笔者所讲教育学课程的听课评课活动

★ 增强课堂教学魅力的基本准则

大学青年教师在教学工作的一开始就应该问自己这样一个问题：什么造就了优秀的教师？答案是魅力。魅力是指那些能赢得很多忠心的个体所具备的独特的个人力量。这个不就是每一位教师，尤其是大学教师应有的职业写照吗？幸运的是，教学魅力对很多大学教师而言是一个可以习得的品质。从踏上三尺讲台的第一天开始，大学青年教师就该致力于塑造这一品质，而且要坚持不懈。下面列举一些有助于大学青年教师成为一名魅力教师的一般性辅助准则。从那些我们可以知道自己能轻松应付的步骤开始，再转移到那些对我们而言需要付出更多努力的步骤。

第一，教学应该围绕学生以及他们的工作展开，让他们成为你关注的焦点。一些没有经验的教师会犯这样的错误：要么过多地谈论自己的生活，要么只顾自己批阅作业，忽略那些静静闲坐的学生。你要持续关注你的学生和他们的学习才是真正重要的。第二，向你的学生微笑。没有人喜欢一个坏脾气的人。一位风度优雅的大学教师只有魅力就已经成功了一半。无论如何都要微笑，教师有对学生微笑的义务。并且记住，困难学生正是最需要你的微笑给予支持的。第三，当学生走进教室时，站在门口迎接并问候他们。如果没有其他原因，你应该迎接并问候学生，这有助于最大限度地减少纪律问题。同时，学生也会感到自己的重要性。第四，宽容你能容忍的事情。虽然你对学生严格要求是好的，但严格的教师与过于严厉的教师之间存在细微的差别。如果把很多时间耗费在挑剔学生的小问题上，那你就没有足够的时间去考虑大的事务。你的课堂氛围应该宽松、随和，又不失专注于有意义的活动。第五，在学期开始就建立你希望学生遵守的程序与惯例，并尽量合理地坚持。与不确定自己该如何做的学生相比，那些知道该做什么与怎么做的学生更能体验到惬意和快乐。如果你尽早建立程序与惯例，那你就可以花时间与学生从事愉快有趣的活动，因为你不必反复说明那些学生应该遵守的日常守则。

三、教学发展：大学教师发展的核心

★ 大学的本体职能决定大学教师发展的核心是“教学发展”

大学职能探讨的本体论意义，无非是强调大学职能的绝对性和自在性，此时的大学职能“就像康德或斯宾诺莎哲学中的‘物自体’概念一样，是一种与人的意识和行为无涉的自在和绝对的存在，是自足自给无须证明的”。❶ 而要把这种自给自足的无须证明的且不变的大学本体职能置入一种变化的大学发展环境中探讨，目的正是从变中探讨不变，尽可能地确定什么是大学不变的本体职能，尽可能地让现代大学教师清晰且坚定地把握什么是大学永恒不变的职能。克拉克·克尔的一句话能够很恰当地彰显这一含义：“赫拉克利特曾说：‘唯有变化，才能持久。’至于大学，应当反过来说，‘其他一切都在变化，唯有大学最能保持原状。’”❷ 大学最能保持的原状是什么？是其本体职能。职能是指人、事物与机构应有的作用。大学这个机构应有的基本作用是人才培养，这是由高等教育的本质决定

❶ 单鹰．高等教育原理论［M］．北京：教育科学出版社，2008：170.

❷ ［美］克拉克·克尔．大学的功用［M］．陈学飞，等，译．南昌：江西教育出版社，1993：64.

的。高等教育的本质可借鉴我国著名教育家薛天祥教授的界定："高等教育是培养完成完全中等教育后的人，使他们成为具有高深知识的专门化的人才的社会活动。"❶ 可见，培养专门化人才是大学的本质。本质是事物本身所固有的，决定事物性质、面貌与发展的根本属性。如前述，本体是事物的主体或自身、事物的来源或根源。本质等同于本体。换言之，大学的本体职能就是培养专门化人才。进一步解释，"高等教育的本质是高等教育以及与高等教育有关的各社会子系统内全部社会关系的总和。在其现实性上，它是一切围绕高深知识与技能的创造、传递而展开的研究、教学、管理、服务等社会关系的总和，即一切围绕专门培养高素质劳动者而展开的社会关系的总和"。❷ 大学里的教学、研究、管理、服务等一切社会关系都是围绕"专门培养高素质劳动者"而展开，这就进一步说明，人才培养职能是大学职能体系中的本体职能。本体职能与衍生职能（附带职能或扩展职能）相对。本体职能就是不变的职能，大学的本体职能就是人才培养。大学其他的职能都是由人才培养这个本体职能衍生出来或者附带出来的，如社会职能、政治职能、经济职能、文化职能。其实，大学人才培养这个永恒不变的本体职能，已经在大学发展史中得到充分的证明。自从有大学以来，它以满足社会人才需要为导向，就是因为任何一个时代与社会都需要源源不断的人才，才使大学这个机构从一产生就表现得比其他任何机构都有生命力，而且活跃，其作用范围也比其他任何机构都宽泛，因为大学为社会各行各业培育人才。在尊重知识、尊重人才已成风气的信息时代，大学的本体职能更应该成为其他职能的牵引和主线。那大学的本体职能是如何在大学里得以开展的？事物的本体一般是隐蔽的，是通过现象体现的，不能用简单的直观去认识，必须透过现象掌握本体。而对人才培养这个本体职能的体现，首当其冲就是通过"教学"现象表现出来。"教学是指由教师的传授知识和学生的学习有机构成的活动的过程。"❸ 简言之，教学就是教师的教与学生的学的共同活动。大学人才培养的本体职能主要

---

❶ 薛天祥．高等教育学［M］．桂林：广西师范大学出版社，2001：65.
❷ 龚友德．中国大学面临的选择［M］．昆明：云南教育出版社，2012：101.
❸ 张传燧．中国教学论史纲［M］．长沙：湖南教育出版社，1999：79.

是通过教师的教与学生的学的共同活动得以表现出来，人才培养必须通过教学活动得以实现。“大学的天然职能是特定层次和意义上的教书或教学，这个职能具有一般性，也具有强约束性……但大学是否要进行科研，是否要进行公共服务，是否要成为社区活动的中心等，对每一个具体的大学则是可以选择的，不是必须的。”[1] 在这个意义上，教书或教学这个大学的天然职能决定了大学教师发展的核心是“教学发展”。

★ 大学教育的本体目的决定大学教师发展的核心是“教学发展”

如果说大学没有目的，那么前述所说大学的本体职能也就不存在。人类的很多活动都是有目的的，生产劳动有目的，商业交换有目的，军事活动有目的，难道大学教育活动没有目的吗？大学教育活动绝对是有目的的。目的是指人的主观意图，与人的行为链接在一起，用于确定行为意义，定向并矫正行为，衡量行为结果，其功能主要是动力性的。要回答大学教育的目的，需先解释“教育目的”的概念。“教育目的是教育意图的综合说法，通常表示教师为学习者所做的打算。”[2] 据此，大学教育的目的，首当其冲的含义就是能够主导或者支配大学教育活动的机构或者人，如国家、政府、举办者、校长、教师等主体的目的。作为针对大学教育有约束力的定向和准则，表达的主要是他们期望在学习者身心上实现的意图或意志，具体的表现形式可以是方针、法规，也可以是大学的校训、理念、培养规格等。但这些目的的表现形式都似乎可以用两个词语给予概括：“个人本位”与“社会本位”。由此可以得出，大学教育的目的有两个层面的含义，“即对人的身心素质发展作出规定和对人的发展的社会方向作出规定”。[3] 前者体现大学教育的个人价值，在理论上就是“个人本位论”；后者体现大学教育的社会价值，在理论上就是“社会本位论”。从人类社会发展的基本逻辑出发，先有人的身心素质发展，才能很好地推动人类社会的发展，因此，个人本位论应该是大学教育的第一目的或本体目的，而社会本位论应该是大学教育的衍生目的。大学教育的本体目的应该

---

[1] 单鹰．高等教育原理论［M］．北京：教育科学出版社，2008：179.

[2] 陈桂生．“教育学视界”辨析［M］．上海：华东师范大学出版社，1997：26.

[3] 瞿葆奎．教育基本理论之研究［M］．福州：福建教育出版社，1998：436.

是对前述大学本体职能的进一步实施。大学教育的个人本位论，是大学教育的出发点与归宿，是为了每一个学习者的利益——他们的身心、文化、知识、技能、人格的发展，每一个学习者的利益是大学教育最根本、最终与最高的目的。怀特海说："教育的目的在于促进学生的自我发展，使其成为'有文化的专家'。"❶ 因为"教育不过是对人的主体间精神和灵魂的交流活动，旨在通过知识内容的传授、生命内涵的领悟、意识行为的规范而使年轻一代自由地生成。从根本上讲，教育是人的灵魂的教育，而非理智知识和认识的堆集。"❷ 总之，在最抽象的层次上，把大学教育的本体目的定位为在个人本位论架构下培养有知识、有文化、有技能、有个性、有人格的专家。正如纽曼所说，"人是有天赋、有激情、有智慧、有良知、有能力的生灵"，"向前发展是生命的唯一形迹"。❸ 据此，只要肯定学习者的生命属性、文化属性、人格属性与道德属性，那么就要首肯这个"向前发展"本体上的唯一性，而暂且不去考虑他所处的社会与时代实际提供给他的条件是什么。因此，特指的大学教育作为实现学习个体文明化、文化化、个性化与人格化的制度存在社会环境本身，在最抽象层面，其根本目的必然要以这个本体目的为准则与宗旨，而不可能有其他的目的取向作为其最终宗旨。如此，作为最抽象层面的大学教育的本体目的可以进一步表述为：为实现学习者个体文明化、文化化、个性化与人格化，促进其生命与人性发展最优化，且在专职的师生关系约束与规范下所施展的劳动与交往，这既是一种制度存在与结构存在，也是一种生态环境。尽管没有任何具象的大学教育活动能够绝对体现或实现这个本体目的，但这个本体目的是最终的校正器。这可使教育工作者在很多的具象大学活动中了解和比较哪一种活动方式更能体现这个目的，使文明化、文化化、个性化与人格化的个人本位价值更加丰满。同时，恰是因为这个本体目的具有理念导向性质，人们才有可能去发现或者感受究竟是什么社会环境或大学自身因素在阻碍特定的大学目的体现或指向这个目的，进而才有可能去诉诸外部的社

❶ 周光迅．哲学视野中的高等教育［M］．青岛：中国海洋大学出版社，2006：72.

❷ 李军．教育智慧的生成［M］．北京：中国政法大学出版社，2012：134.

❸ ［英］纽曼．大学的理想［M］．徐辉，等，译．杭州：浙江教育出版社，2001：124.

会改革与自身的改造去排除这类阻碍，才能使大学教师通过教学活动推进并实现大学教育本体目的的这个根本渠道选择教学内容、改善教学形式、应用教学方法。在这个意义上，大学教育的本体目的决定了大学教师发展的核心是“教学发展”。

★ 大学教师的本体责任决定大学教师发展的核心是“教学发展”

大学教师的本体责任在于以大学教育的本体职能为牵引，推进大学教育的本体目的的实现，在这个过程中，教师必须做到对学生负责。对学生负责便是大学教师的本体责任。而对学生负责主要直接体现在教学过程中对学生负责，而不是在教师的科研过程中对学生负责，或者说，大学教师的科研工作对学生负责仅仅是间接性的。因为大学的本体职能与本体目的的实现都必须直接依赖于大学教师的教学活动。“如果一所大学的教师把从事研究当作他们唯一的职责，并且为了推进‘他们自己的工作’而逃避教学任务，那么就会损害这所大学的学术道德。”❶ 易言之，教学任务在很大程度上是大学教师的唯一职责，而科学研究是在这个唯一职责基础上附带出来或者扩展出来的职责。科学研究这个附带职责的体现，可以更好地服务于教学工作这个唯一职责。在科学研究中所养成的思想与人格可以运用于教学工作，大学教师的教学并不仅为了传授一大堆基本的、事实的或者理论的知识，而是为了传授那些对于本学科的基本真理的认识以及本学科所特有的研究与方法。毋庸置疑，一个大学教师必须努力做好教学工作这个本体责任。认真教学不仅是一种值得赞赏的优点，更是体现大学本体职能与本体目的的要求，要做到这一点，大学教师就必须努力认真做好教学的准备。从前述中已隐约可知，学习不仅是信息的客观传输，更是一个人际交往的过程，因此，教学是一个人性化的过程。大学教师对学生负责主要体现在自身的教学工作要朝向一种“人性化教学”做准备。之所以需要如此，一方面是因为“教与学从根本上说是相互关联的，有效的教学就是判断它是否有利于学生的学习，有效的教学以学生的学习为核心，而不

---

❶ ［美］爱德华·希尔斯. 教师的道与德［M］. 徐弢，等，译. 北京：北京大学出版社，2010：39.

是以教师的教学活动为核心。有效的教学是把教师对教学的认识和理解与学生对教学的认识更加协调地联系起来，而有效的学习方法是强调学生对所学内容的理解”；❶ 另一方面是因为在当今知识社会时代，大学教师的作用在于“促进社交学习与情感学习，培养责任感，培养个性品质；学习与不同的人建立不同的关系，变单一的互动关系为持久的结合或联系；发展世界认同；致力于持续的专业发展与个人发展；在合作团体中学习和工作；加强同学生的关系；加强情感理解能力；坚持连续性，保持安全感；建立基本的对他人的信任感”。❷ 大学教学的本体责任必须包括致力于培养年轻一代的个性、团体意识、人道主义以及民主意识，帮助大学生从思想上与行动上超越知识经济的诱惑与要求。对于一所大学而言，不但要通过教学发展更高的效率与更好的成绩，而且要培养大学自身的学校个性。有个性的大学具有独特的文化。在这种独特的文化中，“他们知道自己是谁，他们对他们的教育目标有共同的理解，他们相信自己的能力，相信自己的个性是达成教育目的的强大力量。当一所学校中每个成员的目标、希望和需要都受到学校文化的尊重时，同时当学校中的每个成员都为学校的共同利益而努力时，这个学校便具有了‘学校个性’”。❸ 具有个性的大学以及教师能充分认识教学不只是认知与智力的训练，也是社会性与情感的培养。真正优秀的大学教师充分理解，当自身真正重视与学生间关系的培养时，当学生真正把情感上投入学习中时，教学才会取得成功，大学的本体职能与本体目的才能实现。可见，通过优良的教学对学生负责这个大学教师的本体责任决定了大学教师发展的核心是“教学发展”。

★ 大学教师职业的本体属性决定大学教师发展的核心是“教学发展”

属性是指事物所具有的性质与特点。大学教师作为一种职业，有其特定的职业属性。说教师是一种职业，是从社会分工的角度来说，指由国家相关法律确认的符合特定条件的，并通过特定程序被授予专门从事教书育

---

❶ ［美］迈克尔·普罗瑟，等．理解教与学：高校教学策略［M］．潘红，等，译．北京：北京大学出版社，2007：13.

❷❸ ［美］安迪·哈格里夫斯．知识社会中的教学［M］．熊建辉，等，译．上海：华东师范大学出版社，2007：50.

人工作资格的职业群体。大学教师就属于这样的群体。作为一种特定的职业，有其特定的职业属性。大学教师的职业属性就是，大学教师通过大学范畴里的相关工作在社会中所表现出来的，与社会架构相吻合的、符合职业特征与发展规律的，与大学教师职业本身息息相关的性状总和。这种职业属性受到大学的本体职能、大学教育的本体目的、大学教师的本体责任的规约与决定。要具体回答这个属性的本体性特征是什么，就必须对大学教师职业属性的基本内容进行适当的描述。第一，大学教师是什么？大学教师是干什么的？“大学拥有一项特殊的任务，那就是有条不紊地发现并且传授那些关于严肃的和重要的事物的真理”，“发现和传授真理是大学教师的特殊职责”。❶ 大学教师是大学这个学术机构的主体之一，大学教师是发现与传授真理的特定学术人。第二，大学教师职业属性形成的特定历史条件是什么？社会经济、政治、文化的发展催生了专业性的大学教师职业。第三，大学教师职业属性的根本内涵体现在哪些方面？从广义维度看，大学教师职业属性是一个综合的体现，是政治属性、社会属性与职业属性三方面的高度统一。所谓政治属性是指大学教师执业依据的是国家相关法律，而国家的产生、存在与发展，是统治阶级利益的集中彰显，是统治阶级意志的法律化，所以大学教师在什么样的法律架构下产生并运作，就具备什么样的政治属性。如美国人埃弗雷特·德克森说：“政治不是某种你可以拿来交给‘别人’的东西。既然政治是通过政府指挥人间事务的艺术，它就应该是这个共和国内最好的职业和所有人的副业。”❷ 政治是“最好的职业”指它所追求的公民道德、学识与能力。这种对政治的期待与亚里士多德所说的“人天生是政治动物”一样，是政治哲学的表达。大学教师职业的政治属性的指向和所追求的正是培育有道德、学识与能力的公民。所谓社会属性是指大学教师作为一种职业，是一种社会性职业，是面向社会为社会上需要大学教育的人提供教育服务的。大学教师职业具有开放性特征，它不是只为社会某一类人或某一阶层服务，而是面向全社会

---

❶ ［美］爱德华·希尔斯．教师的道与德［M］．徐弢，等，译．北京：北京大学出版社，2010：1.

❷ 徐贲．政治是每个人的副业［M］．北京：东方出版社，2013：序言：2.

开放的教育服务职业。所谓职业属性是指大学教师以自己渊博的专业学科知识与高超的传授技能为社会提供教育服务，属于社会结构中的知识阶层。其独特的职业属性体现在四个方面：大学教师具有独立人格；是具有渊博知识的专业人员；大学教师的执业条件有严格的规定；大学教师应具有高尚的职业道德。正如有学者指出："大学教师不仅是一种职业存在，更是一种以精神上的追求为最终目的的志业。"❶ 从狭义维度看，大学教师职业属性体现在法定性、专业性、社会性、独立性、自由性与人性性六个方面。法定性是指其职业资格的获得、职业范围与执业权利与义务都是由法律确定的。专业性是指大学教师职业除了国家法律确认外，还在于它包含其他职业不具有的专门知识与特殊技能，并且这种特殊知识技能也需要这个职业的职业人员共同认可与维持。"没有系统地和专门追求知识的人不拥有成为大学教师的资格。"❷ 社会性的内涵就是前述的开放性与服务性。独立性是指教师职业具有高度的个人化特征，这种个人化特征是教师职业尤其是大学教师职业最根本的属性，核心是学术独立，学术独立是大学教师独立精神的具体体现。只有大学教师具有独立精神，才能培育出独立的社会精神。独立是大学教师得以从各方面履行其任务的重要前提。自由性其实与独立性连在一起，自由性、自治性与自律性都是独立性的派生属性。人性性是对法定性、专业性、社会性、独立性、自由性的综合与提升，是指大学教师在这些属性的基础上才能最终使自己具有能够引导人性与培育人性的正能量。正如有的学者所说："从政与从商，倘若不警惕，往往要付出人性的代价，淳朴之心很容易变成机心、野心，也就是人性容易变质。但从事教学，当好教师，则必须时时为人师表，且职业的内容比较单纯，因此，一般说，它比较能够守持美好的、优秀的人性。"❸ 可见，无论是广义上还是狭义上的大学教师职业属性的阐述，其字里行间都彰显出大学教师职业的本体属性决定了大学教师发展的核心是"教学发展"。

---

❶ 耿益群. 自由与和谐——大学教师学术生态研究［M］. 北京：知识产权出版社，2011：39.

❷［美］爱德华·希尔斯. 教师的道与德［M］. 徐弢，等，译. 北京：北京大学出版社，2010：5.

❸ 刘再复，刘剑梅. 教育论语［M］. 福州：福建教育出版社，2012：3.

★ **师生间的本体关系决定了大学教师发展的核心是“教学发展”**

大学的本体职能、大学教育的本体目的、大学教师的本体责任、大学教师职业的本体属性，最终都需要依赖大学里的两大主体，即教师与学生的相互合作与良好合作的关系才能得以落实与实现。“什么是师生关系？以我理解，大致是教与学的关系，长与幼的关系，引导与成长的关系，有知与无知的关系……”❶ 师生之间的关系概括来讲就是教学关系，教学关系是大学人才培养中的一个专业性的存在。“在所有的已经是或即将成为专业的工作中，只有教学被寄予这样的厚望：培养和创造人的技能和能力，使个体和团体能够在当今的知识社会中生存下去并获得成功。”❷ 作为培养和创造人的技能和能力的由大学教师与学生建构起来的教学关系，其本质是通过大学师生间的“交往”来达成的。正如雅斯贝尔斯所说：“大学把追求科学知识和精神生活的人聚集在一起。大学原初的意思是教师和学生的团体，现在大学多了一种同样重要的意义，那就是各种科学的合一。按照大学的理想，彼此应该毫无限制地相互发生关系，以达到完整统一的一体。”❸ “各种科学的合一” 其实是从事各种科学知识研究的大学教师与学习各种科学知识的学生的合一与交往，师生在这种合一与交往中互相辩论与讨论，发表各自的看法与主张，且这种合一与交往最终一定是苏格拉底式的，彼此提出挑战性的问题，以便将自身彻底向其他人开放。师生间的这种交往关系本质上提供与创造了师生自身考验并感受科学知识与真理的机会，并借此成为探索真理的源泉之一。大学的本体职能、大学教育的本体目的、大学教师的本体责任、大学教师职业的本体属性的最终实现，都取决于“大学要有这种交往才能成为一种为真理而生活的方式”。❹ 在这种交往关系所架构的教学关系运转之下，师生间共同对科

---

❶ 陈丹青．退步集续编［M］．桂林：广西师范大学出版社，2007：156.

❷［美］安迪·哈格里夫斯．知识社会中的教学［M］．熊建辉，等，译．上海：华东师范大学出版社，2007：1.

❸［德］雅斯贝尔斯．什么是教育［M］．邹进，译．北京：生活·读书·新知三联书店，1991：169.

❹［德］雅斯贝尔斯．什么是教育［M］．邹进，译．北京：生活·读书·新知三联书店，1991：170.

学知识达到一种建构，因为“知识是建构的，不是灌输的”。❶ 根据建构主义的观点，最好的大学在于创设一种使教师能够采取各种方式刺激学生对知识进行建构的氛围，最好的教师在于刺激学生对知识进行建构。教师是学生学习的合作者，教学过程是教师与学生对新知识进行合作性建构的过程。大学教师和学生的关系将不再是纯粹的知识输出与输入的关系，而是除了知识的传授和接受之外，更多的将是共同学习、探讨、共建新知识的关系。恰如联合国教科文组织的研究报告《学会生存》所指出的：“把教师称为‘师长’（不管我们给这个名词一个什么意义），这是越来越滥用的名词。教师的职责现在已经越来越少地传授知识，而越来越多地激励思考；除了他的正式职能以外，他将越来越成为一个顾问，一位交换意见的参加者，一位帮助发现矛盾论点而不是拿出现成真理的人。他必须集中更多的时间和精力去从事那些有效果的和有创造性的活动：互相影响、讨论、激励、了解、鼓舞。”❷ 大学里的师生关系如果能够真正进入上述状态，那必将对大学本体职能、大学教育的本体目的、大学教师的本体责任、大学教师职业的本体属性的实现与高等教育的发展大有裨益。

四、科研定位：大学教师生命力之源

★ 科研使教学保持活力

在现代大学里，教学要与研究相结合，至少要努力跟上最新的研究进展。大学教师不仅要进行研究，而且要把他的教学建立在别人的以及自己的相关研究基础之上。研究本身就是通过方法获取迄今为止尚不为人知的知识。“知识如果得不到研究的培育，就会凋谢和枯萎。教学如果得不到研究的支持，也会丧失活力。”❸ 教师所教的知识与学生所学的知识都不是

---

❶ ［美］肯·贝恩. 如何成为卓越的大学教师［M］. 明廷熊，等，译. 北京：北京大学出版社，2007：26.

❷ 联合国教科文组织国际教育发展委员会. 学会生存——教育世界的今天和明天［M］. 北京：教育科学出版社，1996：108.

❸ ［美］爱德华·希尔斯. 教师的道与德［M］. 徐弢，等，译. 北京：北京大学出版社，2010：7.

自给自足的，都不会自行增长与发展。大学青年教师要想实施好的教学与有效的教学，只有积极地研究与追求知识并且将知识运用于教学之中，才能使教学保持活力。

★ **大学教师必须是一个研究者**

大学青年教师要想成为一名优秀的教学者，首先需要成为一名优秀的研究者。一个优秀的教师与普通教师最大的区别应该是有没有科研的追求和能力。“教师即研究者”已经成为时代对教师的起码要求，尤其是大学教师。一个大学教师不仅要把书读好，把人育好，而且要有一种研究的素养。其实，现在的大学青年教师具有得天独厚的研究优势，从在学生时代的攻读硕士与博士学位过程中就已经得到科研的专门化训练与积累，成为教师后，仍自始至终生活在教育教学的现实场景之中，我们的所思、所想、所感、所悟就是教育教学研究活动的最直接的表现方式。据此，只要坚持研究的主体意识，秉承积极应对独特问题的勇气与智慧，去观察、研究、探索、尝试、反思，那么，在教育教学实践中闪耀的思想火花、真知灼见，必将成为研究的活水源头。大学青年教师要关注自身实践中有意义的事件与日常工作中有价值的困惑，在看似无问题的问题中发现问题，在问题成堆时聚焦某一个问题，并在教育教学过程中激发学生的热情，挖掘学生的潜能，塑造学生的人格，丰富自己的情感，满足自己的精神追求，提升自身的生命价值，实现自己的幸福理想。这是大学青年教师成为研究者的真正状态。除了教学角色外，科学研究角色也是大学教师必须承担的角色。正如雅斯贝尔斯所说：“本真的科学研究工作是一种贵族的事业，只有极少数人甘愿选择它……他们的本质特征是品德高尚、个体精神永不衰竭、才华横溢，因此精神贵族只能是少数人。大学的观念应指向这些人，而芸芸众生则在对精神贵族的憧憬之中看到了自身的价值……大学必须为他们提供机会。不言而喻他们才构成了大学生命的条件。”❶ 大学青年选择成为大学教师，也意味选择了从事本真的科学研究，使自己成为一个精神贵族。

---

❶ 孙冰红．大学教育与社会发展论［M］．北京：中国社会科学出版社，2009：102.

★ **大学教师是一个学者**

教师要成为“传道者、授业者与解惑者以及助产士”，这些身份表征的获得，都离不开一个重要的前提——学习。现代社会的节奏这么快，科技的更新换代这么勤，尤其是在信息科技领域从事教学与研究的大学青年教师，要成为有德之人、有专长之人、有知识之人，确实不容易。那怎么办？只有更加努力地学习，同时与同事和他人之间进行切磋合作，这样才能扮演好传道者、授业者与解惑者以及助产士的身份。大学不只是传递知识的地方，更是生产知识的地方。大学教师不只是传递知识的人，更是生产知识的人。生产知识离不开科学研究与科学探索，离不开作为大学教师必须具备的创新品质或创新精神，即不懈追求、敢于质疑、持续探索、善于建构等。总之，师者，教为道，学者，善研究。作为研究者的教师，就是必须对自己所从事的教育专业中的某一学科领域有精深的研究，形成优化而独特的知识结构与能力结构，有较高的学识水平，有较强的研究能力，有坚实的理论功底，有丰富的教学体验，有创造性的研究成果，这是成为学者的基本要求。再进一步归纳，学者型大学教师需要具备的特征如下：“不凡的学术勇气、强烈的课题意识、执着的探究精神、全面的信息素养、较强的创新能力、丰硕的研究成果”。[1]

所谓必须听的讲座就是年轻教师应该且能够掌握的、成为优秀教师的意识或技能

---

[1] 任勇．年轻教师必须听的讲座［M］．上海：华东师范大学出版社，2011：194.

★ **大学教师的研究范畴**

大学青年教师要系统地认识并树立自己的一套研究范畴。

第一，研究动机或研究目的。教师进行研究的目的与动机很明显，就是为了更新自己，使自己的工作充满能量，换言之，是为了使自己的工作能够更好地引导学生、刺激学生的学习欲望与学习效率。再进一步说，教师进行研究与学习，是为了使自己的教学工作更加充满活力与效率。正如巴普洛夫所说："一切问题都取决于教师。受过教育的面对自己的工作感兴趣的，积极而又有朝气的教师，会使任何大纲都具有活力，也会使最差的教科书得到充实，正是为了这一点，教师应当经常不断地努力，以知识充实自己，热爱自己的事业。"❶

巴甫洛夫·伊凡·彼德罗维奇［Иван Петрович Павлов，1849～1936］，俄国生理学家、心理学家、医师、高级神经活动学说的创始人，高级神经活动生理学的奠基人，条件反射理论的建构者，也是传统心理学领域之外而对心理学发展影响最大的人物之一，曾荣获诺贝尔奖

第二，研究教学。大学青年教师从职业入场开始就应该对教学有一个相对清晰的认识。教学是人类社会诸多复杂困难、重要艰巨的事务之一，因为教学过程中既涉及一些固定不变的常量，也有许多意想不到的变量。

❶ 首品．榜样的力量：教学智慧卷［M］．北京：中国言实出版社，2010：3.

教学不单纯是一系列的操作行为，这背后更重要的是整个人的精神活动。站立课堂讲台上，做教师的人才能切实地理解教学是一门艺术，更是一种境界。笔者认为，在任何一位教师的教学中，都存在以下一些共性的东西，即宏观线索的勾勒、微观细节的阐述、逻辑分析的独白、讲解视角的转换、典型案例的穿插、恰到好处的板书、思想情感的交流、疑难问题的提示、人格力量的感染、理论境界的升华。所有这些，作为大学青年教师，从一开始就需努力做到成竹在胸，挥洒自如，引人入胜。完美的教学一定是研究出来的，研磨出来的，研发出来的。研究研磨出来的教学能够使学生感受人性之美、人伦之美、人道之美，感受理性之美、科学之美、智慧之美，感受人类心灵的博大和深邃，感受人类所创造的文化的灿烂与辉煌，能够唤起学生对生活的热爱与激情，唤起学生对未来生活的热烈憧憬与乐观、光明、政治的期待，能够使其以新的眼光审视生活、洞见自己、洞察人生。为此，大学青年教师从一开始就需要研究教学。

第三，研究课堂。毋庸置疑，当今中国的大学课堂大多数处于一种“失重”状态，远离大学生的生活实际，远离大学生真实的、生动的内在心理世界，虚空而不踏实，抽象而不具体，呈现出教条化、模式化、单一化与静态化。在压力的态势下，大学课堂缺少吸引大学生、感染大学生、打动大学生的魅力、思想的魅力、文化的魅力、情感的魅力、艺术的魅力、个性的魅力。正如有学者指出当今中国大学课堂教学模式存在 10 个方面的突出问题：“客观主义倾向的教学理念、低阶能力的目标倾向、重知轻行的价值取向、权威依存的师生关系、方法滞后的信息技术应用、单一化的教学组织形式与方法、程式化的教学设计、机械接受为主的学习方式、标准化的培养方式、背离学习者发展的教学评价。”[1]

在这样的情况下，大学生“身在曹营心在汉”式的无心、无意于课堂的现象就不新鲜了。面对这样的问题，大学青年教师从职业入场一开始就需要从内心深处问自己四个问题：教师希望学生回到课堂吗？教师的确在吸引学生回到课堂吗？学生有回到课堂的必要吗？学生有条件回到课堂

[1] 钟志贤. 大学教学模式革新：教学设计视域［M］. 北京：教育科学出版社，2008：43 -60.

吗？一个真正的大学教师，应当确立一个怎么样有效合理的课堂理念？怎样设计一个别致新颖的课堂思路？怎样调整创优课堂结构，以求得真正创设营造一个吸引、感染、影响学生的课堂？在此提出大学教师要研究课堂的几个基本主张，以供探讨：课堂应该是充满生命力的，课堂应该是充满人文关怀的，课堂应该是充满问题探索的，课堂应该是充满知识魅力的，课堂应该是促进学生与教师共同发展的。

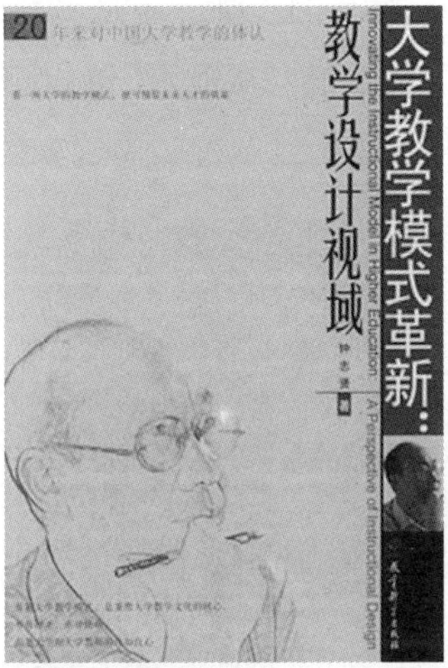

该书指出：“大学如果不能有效满足社会和个人发展的需要，则是对社会和个人的双重伤害。一种教学模式就是一种教学文化。什么样的教学模式培养什么样的人才。面对提高大学育人质量，很多时候也许我们不能说点什么，但一定可以做点什么。革新大学教学模式就是一个我们可以做点什么的领域。”

第四，研究学生。远在两千多年前，孔子就说过，教学生要“观其所以”“观其所由”“察其所安”“退而省其和”，其意思是，要观察学生的日常言行，观察学生所走的道路，考察学生的意向，考察学生私下的言行。实际上就是要了解学生的学习世界、生活世界、心灵世界，真正地观察、认识、理解学生的内心感受和想法，帮助学生消除困惑、烦恼，充分发展学生自身积极向上的因素，因势利导，激励、赞扬。这样，学生向前迈步的劲头就势不可挡。研究学生的策略可以概括出一点，那就是“一看二听三问四查”——“一看”是看表情神态、日常行为是否异常；“二听”是听平时说话、课堂发言、与人交流是否正常；“三问”是问其身体状态、心情状态、家庭情况是否有异样；“四查”是查作业、学习活动是否顺利完成等。

第五，研究方法。同样的学校，同样的课堂，同样的学生，不同的教师教学效果肯定是不一样的，其中的原因何在？很重要的因素——使用的方法有区别。对此，美国著名大教育家杜威先生的论述能够很深刻地说明问题：“须知分量的增加，性质的正确，还是一种结果，其所以能够增加，能够正确，在乎‘方法’的变换。从前用旧的不正确的方法做学问，不能发生新的知识。”❶

该书收录了杜威来华时五次著名的演讲，分别是《社会哲学与政治哲学》《教育哲学》《思想之派别》《现代的三个哲学家》和《伦理讲演纪略》。在附录中还收录了杜威夫人爱丽司·齐泊门的一篇演讲《初等教育》。这些演讲发表于20世纪一二十年代，至今已约百年。在20世纪初中国严厉批判实用主义后，而今再来重读这位实用主义创始人的思想，不禁叹服

另外，德国戏剧家、戏剧理论家莱辛也说：“如果上帝一手拿着真理，一手拿着寻找真理的能力，任凭选择一个的话，我宁要寻找真理的能力。”❷

---

❶ ［美］杜威．杜威五大讲演［M］．胡适，口译．合肥：安徽教育出版社，2005：120.

❷ 魏书生．给青年教师的建议［M］．北京：北京大学音像出版社，2007：23.

“选择真理的能力”其实就是掌握获得知识真理的方法的能力。一个民族对人类文明的伟大贡献之一就是方法的贡献，人类第一流的头脑对世界的贡献也是方法的贡献，一个真正的教学名师对学校教育的杰出贡献也就是方法的贡献。因为经过研究改进、优化重组的好方法、好策略，可以使人在付出最少的情况下实现收益最大化。

★ 大学青年教师如何成为一个研究者？

笔者在攻读博士学位期间，2010 年 11 月到复旦大学参观，印象最深刻的便是从复旦大学的校训诱发了一点肤浅的思考，联想到：大学教师应该如何成为一名研究者？答案是：思近、问切、志笃、学博。

复旦大学大门

背后石头上的字从左到右为

“思近而问切，志笃而学博”

“思近、问切、志笃、学博”这四个词语原出自《论语·子张第十九》，子夏曰：“博学而笃志，切问而近思，仁在其中矣。”有远大理想就要有丰富的知识，要多提出疑问，多深入思考。复旦大学的校训也就是：博学而笃志，切问而近思。也就是说，博学而志向坚定，好问而多想当前的事情。既要广博地学习，又要有一个追求的中心，这就是“博学而笃志”。既要多问问题，又不要好高骛远，不切实际地空想，而要多想当前的事情，与自己的实际情况密切相关的事情，这就是“切问而近思。”学习的关键在于自身的体会，如人饮水，冷暖自知。所以，一定要从自身处去问，接近处去思。其实，也就是理论联系实际的要求，只不过说法有所不同。

把“博学而笃志，切问而近思”反过来分解成四个词语，那就是“思近、问切、志笃、学博”。第一，思近：抓住当前的实际问题进行深入思考与研究，作为大学青年教师，可先不管那些宏大遥远的问题，但一定要有在自己的专业范畴发现当前的实际问题的眼光且深入思考研究；第二，问切：发现真问题而非伪问题之后，要系统深刻围绕问题是什么、为什么、怎么办以及怎么样四个基本角度开展追问；第三，志笃：发现问题与解决问题的目的指向在于提升自己、完善自己，最终在通过提升的自己与完善的自己去引导学生和引领学生成长，且持之以恒；第四，学博：真正做到思近、问切、志笃之后，自然就能成为一个知识渊博的大学教师。

五、教学与科研：难以统整的工作?

★ 教学与科研的关系难以驾驭

教学是大学与生俱来的天然职能，而科研在创办建立的大学里并不是其责任。最早创办的大学，其目的是传播、保存和阐释知识。直到19世纪早期，从柏林大学开始，研究才成为大学的责任，并且成为促进大学教育发展的力量，同时导致教学与研究的关系成为一个问题，自此之后，解决好教学与研究的关系问题是现代大学面临的一项重要任务。直到今天，这个重要任务还没有得到较完美的解决。虽然说教而不研则浅，研而不教则空能表达出教学与研究之间的关系，但是在实际运转中，这个关系的确难以驾驭。

★ 教学与科研的关系不断遭到质疑

大学“教学与科研相统一”的原则自从确立以来，就不断受到人们的质疑，其中最有代表性的，就是英国都柏林天主教大学校长约翰·亨利·纽曼，1852年前后，他在其传世经典之作《大学的理念》中，提出了大学的理念主要是传授知识、传授为人之道，而不是科学研究。在他看来，教学与研究是两种迥异的职能，也是迥异的才能，并且同一个人兼备这两种才能的情况不多见。整天忙于把自己现有的知识传授给学生的人，不可能有闲暇和精力去研究并发现新的知识。探寻研究真理需要离群索居，心无二用。纽曼认为，在大学里，教学和研究就像鱼与熊掌一样，不可兼得。由此，很多人从纽曼这个全世界著名而伟大的教育家这里找到了质疑教学与研究关系的充分借口。这在一定程度上影响了人们正常理解与判断大学教学与科研关系，也在一定程度上影响了一些大学教师处理大学教学与科研关系。

★ 不当的学术政策导致教师的教学与科研活动难以均衡化

教学与研究，孰重孰轻，一直是大学争论不休的话题。当前，有些大学对教师的评价，不重视对教学工作的考核，造成教师不重视教学工作的局面，导致本科教学质量下降，影响人才培养质量。有些大学，由于在教师评价中过分重视教师的科研成果，使教师将精力全部倾放在科研上，造成教学与科研的脱节，也影响了科研工作的质量。“由于我国大学内部合理的管理机制尚未建立，不是主要由同行，而是主要由校内行政机构和行政人员对教师的学术工作进行考核，他们无法准确地判断教师的学术水平和研究水平，而惯于选用一些易于量化的指标，比如校外研究经费、发表论文级别与数量等，得出一些数据，用于判断教师的学术工作。”❶ 这就导致大学教师的教学与科研活动难以均衡发展，不仅影响大学人才培养、科研的质量，也从大学青年教师职业入场一开始就影响其学术理念与教学理念。

★ 研究的本质是教学的一种手段

对于大学青年教师来讲，真的难以做到教学与研究的统一吗？其实，在现代大学还没有正式产生之时，教学与研究已经在古代时期的高等教育机构里就得到了统一协调的发展。如古希腊柏拉图创办的学园、我国战国时期的稷下学宫、印度的穆斯林清真寺，乃至我国宋代产生的书院等，在这些机构里，师生之间的辩论与诘问，在本质上既是一种教学，也是一种研究。1810 年，作为现代大学标志的柏林大学产生时，提倡教学与研究统一的洪堡，其初衷就是把研究作为教学的一种手段来看的。但是，随着时

---

❶ 马凤岐．变革时代大学的核心价值：高等教育哲学的几个基本问题［M］．北京：北京师范大学出版社，2013：164.

代的变迁，大学的研究背离了洪堡的初衷，研究演变成大学的一种独立的职能，诱发了教学和研究的失衡。❶

本章小结

教学与科研：难以统筹的工作吗？回答为不是。

通过对大学教学工作与科研工作的认识，我们可以义正言辞地说，教学与研究是一所大学的立足之本，维系一所大学生命的就是教学与研究。一所大学，学问与科研也好，教学与手段也罢，一切都以教学与研究作为它的维系点。一所大学在教育界的地位，从根本上说是作为教学与研究之承担者的教师发展，尤其是由当今时代占一所大学教师总数一半比例以上的大学青年教师在教学与研究所能提供给学生优质教育服务决定的。据此，大学青年教师搞好教学的同时搞好科研，在充分利用教学相长原则的基础上，除了制定相应的评价标准与监督机制外，更需要大学青年教师从职业入场一开始就要有一颗热爱教育的心，一颗热爱学生的心，时刻不忘“不搞教学的教师，不是真正的教师；不搞研究的教师，不能成为真正的教学之师”，如此，方能统筹好教学与科研的工作。

❶ 付八军．走进大学——献给那些关注大学天空的人［M］．湘潭：湘潭大学出版社，2013：42－43.

第四章

待遇，报酬——需求的满足

待遇或报酬，是任何一个人在工作中都会本能地“算计”的问题，都习惯地计算自己的付出是否与自己的收益相当。如果收益大于或等于付出，则心理舒适，工作就认真；反之则心理不满，应付工作。然而，如果每个人的收益都是前者，那么最后的结果是单位组织慢慢萎缩，最后垮掉。因此，教师待遇或报酬的问题关键取决于教师如何“算计”自己的付出与收益。

一、物质待遇：理性看待自己的身价

★ 充分认识当前大学青年教师陷入物质性中的职业公共性

从整体上看，当前大学教师不再是众人瞩目与景仰的导师，而是芸芸众生中谋求生计的一员而已。大学教师似乎也逐渐从社会知识精英走向世俗大众。面对养家糊口的压力，大学教师也不得不按照世俗的需要进行自我塑造，融入现实生活。在这个背景下，大学青年教师由于自身具有很少的社会资本，从而面临更加被边缘化的危险。他们因此产生了在收入、[1]

[1] 《2012 年北京社会发展报告》蓝皮书研究人员对 11 所北京市属院校、7 所部属院校进行问卷调查，并在高校召开多场座谈会，对高校教师收入状况进行分析。报告显示：“教授 2010 年的总收入最低的为 4.95 万元，最高者为 79.7 万元；副教授 2010 年的年收入最低者只有 2.8 万元，最高者为 67.1 万元；讲师最低者只有 2.2 万元，最高者为 57 万元。”并且，由于高校教师收入受市场化影响较深，不同高校、不同院系、不同个人从市场中得到的收入千差万别。报告指出，“市场化”收入体制对教师的教学工作和科研积极性产生一定的消极影响，过多将注意力集中于市场，就容易忽视本职的教学和科研工作。

教学、科研三座大山之下的巨大压力。这在很大程度上说明，大学青年教师中的很多人不再是刘易斯·科塞所说的“为理念而生，而非靠理念吃饭”的“理念人”型的引领学生成长的知识分子。大学青年教师要面临世俗生活的种种压力，从某种程度看，大学青年教师也不再靠“理念”与“学术”吃饭。学术似乎不再是寻求普遍意义的手段，而成为量化的产品和绩效，与教师的收入、晋升等现实息息相关。这种物质性环境在很大程度上削弱了大学青年教师的职业公共性色彩，或者说，导致刚刚职业入场的大学青年教师根本没有这样的职业思维，他们将更多的精力放在个人晋升以及专业论文等关乎生存的私人性问题上，进而无暇关注育人问题与社会问题，难以培育出有品位有公共和谐人格的人才。❶

★ 要看清工作学校的经济待遇

刚刚毕业，从学生身份到老师身份，大家都希望自己的专业劳动报酬能养活自己，甚至回馈父母，并能在一定程度上缓解眼前的谈婚论嫁、购买住房的经济压力，这种需要是情理之中的，但是由于整体上中国教师的经济待遇还不是很高，且各个地方的各个大学之间又存在明显的差异，尤其是刚刚职业入场的青年教师，其经济收入处于教师群体的最低端。这一点，对作为选择做教师的人而言，必须首先要有一定的理性认识。

★ 不要只会把关注点放在经济待遇上

大学青年教师的待遇的确不高。但是，想一想在当初的求职过程中，通过我们的求职愿望与社会需求的“博弈”之后，通过众多求职者的竞争考量，我们签约了所在的任职学校，这个也就算是对自身“身价”的一个较为客观的社会认定。再与所在学校的中老年教师相比，如果他们的待遇同样不尽如意，就刚刚职业起步的青年教师的资历与能力来讲，也不太适合提出更高的要求。如果中老年教师的待遇很令青年教师向往，那说明眼前的待遇只是暂时的，这就需要好好工作下去，前途是光明的，至少在我们心中，从物质待遇这个看得见摸得着的地方看，是有前途的。实际上，青年教师还处于“新手阶段”，即“学艺阶段”，人生的路还很长，不应该

---

❶ 廉思．工蜂：大学青年教师生存实录［M］．北京：中信出版社，2012：297.

把关注点全部放在学校的物质待遇上，而是应该把关注点放在是否有益于自身专业发展上。很多人的人生经历告诉我们，年轻时候的艰难经历对未来之路的发展是有很大价值的，而入职时候的舒适如果把握不好，反而有损于后期的发展。

★ 不要颠倒物质与生命的关系

大学教师作为育人之师的最高群体，从职业入场或者选择做大学教师的那一刻起，就需要明白一个问题：当前这个时代有一个很大的问题，就是很多人不关心生命本身，而关心物质的东西，大家都把金钱财富看得非常重要。当然，财富对个人和国家来说都很重要，但不能因此忽略生命本身的需要。欲望超过生命本身的需要，是痛苦的根源。其实，生命本身的需要和物质的欲望是两码事，现在我们往往把两者混淆。中国和西方的哲学家都强调保护生命的单纯。在中国，尤其是道家，强调要保护完整的真实的生命，不要用物质损害它。用庄子的话来说，不要失去你的性命之情，就是你生命的本来状态。西方哲学家也是这样，古希腊对什么是幸福基本上有两派观点，一派叫作快乐主义，一派叫作完善主义。快乐主义创始人、代表人物是古希腊的伊壁鸠鲁，他认为幸福就是快乐，而快乐就是身体的无痛苦和灵魂的无纷扰。人为什么会痛苦？是因为欲望超过了你生命本身的需要，成了你生命主要的追求目标，这是痛苦的主要根源。所以，我们要把生命本身的需要和物质的欲望区分开来。物质欲望不是生命本身带来的，而是社会刺激出来的，是人比人比出来的，就是人家有，我也要有。其实，生命本身不一定需要这个东西。当然，维持生命是需要一定的物质条件，但维持生命所需要的物质其实是有限的。按照伊壁鸠鲁的观点，自然的需要都是容易得到满足的，大自然把人生产出来以后，给了你生存条件，但是如果你的需要超出这个条件就不一样了。

★ 要区分清楚是为钱工作还是让钱工作

日裔美国人罗伯特·清崎在他的惊世之作《富爸爸，穷爸爸》这本书中突出的主旨就是“不要为钱工作，要让钱为你工作”。作为年轻的大学教师，我们必须改变那种为钱工作的思维，要通过思考与学习，掌握让钱为自己工作的心态与技能。人不可能为金钱工作一辈子，而且为金钱工作也永远不可能让自己真正富有。即使我们现在拥有不菲的收入，但我们永远不知道这样的金钱明天是否还会属于我们。因此，当我们勤奋地为钱而工作的时候，工作与钱占据了我们全部的头脑，我们都没有时间去考虑作为教师的育人价值究竟是什么。

★ 办学者要想法在高消费时代做到让其安心从教

在高消费时代，要让青年教师全心投入教学和科研，关键要解决他们生活上的后顾之忧，这也需要学校整体文化和学术氛围潜移默化的影响。在物价飞涨、生活成本越来越高的环境下，如果青年教师的工资太低，再让他们安心教学、安心科研是不现实的。对此，很多大学也从教师的价值观教育入手，培养他们正确看待名利，开展大量的入职培训、师德宣传等活动。而要让教师不受外界诱惑和干扰，专心本职工作，最根本的还是提高教师待遇，让教师不要为生存担忧。要真正让教师成为人们羡慕的职业，就必须在待遇上给予落实。

二、精神待遇：育人价值不能单凭金钱衡量

★ 教师报酬的首要性是精神报酬

人们从事某种工作与劳动获得的报酬基本可以划分成三种类型：外部报酬、辅助报酬与精神报酬（内在报酬）。外部报酬包含我们通常认为与某个角色挂钩的“所得”，包括金钱收入、声望水平与指挥他人的权力。这些所得属于“外部的”，由于它们是所有任职者都要经历的、必需的，所以具有一种“客观性”。辅助报酬既是客观的也是主观的，是指这项工作的一些客观特征，而在一些人看来，这些特征或许是报酬。辅助报酬往往是经久稳定的，被看成理所当然的一些潜在性的报酬。精神报酬由在工作过程中所做的主观评价构成，其主观性意味着它们可能会因人而异，但是它们也会受到这个职业及其任务性质的制约。“教师的文化和报酬结构并不强调外部报酬的获得。教师职业的传统使得追求金钱、名誉或权力的教师让人觉得不可靠，公共教育最具特征的风格就是，它会降低个人的抱负。服务的理想推崇的是付出多于回报的价值观，模范教师都是

奉献型的。”❶ 因为教师的精神报酬最大的一点就是取决于育人教书的效能。

《学校教师的社会学研究》是第一部从社会学视角系统全面地研究学校教师文化的经典著作，分为四部分：第一部分对教学若干突出的结构特征进行年代学的回顾；第二部分探讨教师的招聘，社会化和生涯报酬的分配；第三部分重点论述教师赋予其工作的意义以及教师在履行工作任务时所产生的情感；第四部分提出关于变革的推测。该书综合运用调查、观察、深度访谈等多种研究方法，真实地描绘了教师职业生活中形成的教师所特有的意识和情感，重在揭示未能充分实现专业化的教师职业的特质

★ 教师的精神价值在于育人的剩余价值

教育或者大学仅仅是一个集合名词而已，实际上是每个个体构成教育或者一个承载教育的载体——大学。大学好比一个水池，如果大家往里面注入的水比取用的多，那么水池里的水就会越来越多；如果大家往里边注入的水比取用的少，结果必然是水池里的水会慢慢减少，直至干涸，其结果必然是大家都没有可取用的了。从这个角度上理解，如果每个大学教师往大学这个水池里注入的水比自己取用的多，那多出来的部分就可以借鉴马克思创造与发现的一个词语——“剩余价值”来代替。假如大家都不愿意贡献这部分“剩余价值”，一个组织、一所大学还能发展吗？“育人”工

❶ ［美］丹·克莱门特·劳蒂．学校教师的社会学研究［M］．饶从满，等，译．北京：人民教育出版社，2011：93.

作还能进行吗？整个人类社会还能进步与发展吗？我们每一个人都要明白：只有大学发展越来越好，人才培养质量越来越高，作为身处其中的教师才可能有好的发展与好的收益。所以，大学青年教师从自己选择做一名教师开始，就一定要有一个理性而正确的收益与付出的计算观念，愿意付出努力，与大学共同成长、共同发展、共同收益。从这个角度给教师下一个定义，可以说，教师是一个同他人一起学习的工作。其中的关键词是“同他人一起学习”，而不是独自学习，而没有交流与分享。更关键的是，同他人一起学习需要教师做到付出自己的努力，跟大学共同成长、共同发展、共同收益。

★ 教师的精神价值在于弥补学校教育的局限性

选择当一名教师，需要搞清楚的一点是，有很多事情都会让教书育人变得比较困难。由于忽视、贫困、疾病、家庭压力、学习上的困难以及其他原因，许多学生并没有做好学习的准备。再完美的学校教育与学校环境都有其局限性（代替不了家庭教育与社会教育的好的方面），不能完全满足每一个学生的需求，这就决定了教师应该学会采取灵活适切的办法寻求学生所需要的帮助。面对会影响学生的事情，教师不要太多地考虑这是否是自己的责任的问题。任何影响学生的事情都是教师的责任。坚持自己的信仰一直都是大学教师自我的一部分，如此方能通过教师职业弥补学校环境与学校教育的局限性。

★ 教师的精神价值在于教师要做一个品行端正的人

教师的价值很大程度上在于认识自己为什么要成为一个“好人”，尤其是大学青年教师更应该在职业起点就要认识这个问题。好人就是品行端正的人。何谓品行端正？在笔者的阅读过程中，记录下这样一个故事：一个上了年纪的已婚男人和一个年轻妇女被放逐到一个孤岛。这个男人向这个女人提出了发生性关系的要求，他认为“没有人会知道”。这个女人回答说：“我会知道”。“我会知道”可以有效地测试出是否具有良好的品格。是的，在这个男人认为当他们发生关系后“没有人会知道”的想法折射出在这个世界上既没有神仙或凡间的惩罚与威胁，也没有神仙或凡间的回报承诺。而这个女人的“我会知道”的回答折射出一种品格。那端正的品格包含哪些内容？在这样的世界中，每一项善事只是因为行善者认为这样做是对的而已。在这样的世界中，端正的品格应意味着在经常相互冲突的利益中寻求适当的平衡，如自我与他人的利益、现实与未来的利益、家人与陌生人的利益、教师与学生的利益。自从有人类社会以来，人类就一直在努力获得这个黄金工具。作为引人向善的教师，尤其是大学教师，要经常自我设问并带领学生学会经常问自己——如果我不为我自己，谁会为了我，但如果只是为了自己，我将成为什么样的人？端正的品格需要承认根植于我们每个人内心深处的自私自利，并且努力将其与我们应当追求的利他主义相平衡。这种平衡很难实现，但是如果缺少它，任何对“善”的定义都是偏颇的。正是因为这种平衡的实现很难，所以才要大学青年教师从选择当大学教师的那一刻起，就要努力地以这种平衡培育学生。

★ 教师价值实现应该遵循的黄金定律

一般而言，任何人在工作中的目标都可以分为两种：组织目标与个人目标。组织目标与个体的工作职位所承担的责任是相关的。成功教师的工作行为既有益于大学组织的绩效，也有益于个人的成功。因为从长远发展看，那些仅仅由个人利益或其他自私的动机所驱使的教师是很少成功的。要想在职场游戏中获胜就要考虑自己所做的决定是否会带来一定“道德影像”。假如大多数教师在一个大学组织中工作就是为了拿到报酬，那么由工作所带来的道德问题经常会集中到这样的一个问题上——为了钱，我们这些育人者会愿意做些什么？在育人范畴内，只有行为才能说明问题。作为教师的育人行为不是光靠嘴上说什么，而是靠其行动加以证明。任何希望自己能成为成功教师的人，都应该遵循下面的职场黄金定律：永远都不能为了个人利益而损害组织利益或伤害别人。如果我们觉得这样做会有些过于勉强，那么就考虑一些很实际的现实问题。自私自利与心胸狭窄的行为将来很可能也会降临到我们头上，这就是所谓的“己所不欲，勿施于人”。

总之，作为大学青年教师，在刚刚踏入这个职场时，就应该评估一下自己属于哪一类人，如果是“牺牲品”“自私者”一类的人，那我们就需要改变一下自己对于工作现状的某些基本态度。是什么样的基本信条导致我们产生麻烦？我们认为自己需要取悦所有的人？我们对所有我们在刚刚工作时遇到的问题都能掌控吗？自己永远都是对的吗？能够按照自己的意愿做事吗？我们是否有时会觉得自己的行为就像是一位“牺牲品”“自私者”一类的人？如果是，我们做了哪些具体的事情？我们身边的人会怎么看待这些事情？如此不断反省，我们作为大学教师的价值实现才有可能。

三、待遇与报酬：难以满足的需求？

★ 难以解决的大学教师薪酬制度问题

中国大学教师薪酬制度的特点是“基于个人学术产出的分配、人力资本获得回报不足、教师对分配的感受是满意度不高即矛盾心理”。[1] 校内绩效工资制度的改革，改变了以往单一等级职务工资制的分配方式。

本书系统分析中国大学薪酬制度的形成、演进及现实特征，通过对收入分配理论的把握和分析，归纳出基于人力资本的理论框架，并以此为基础提出中国大学薪酬分配模型的构建

众所周知，中国大学教师薪酬分配的主要依据是教师个人的学术产出，即薪酬是从产出角度带来实现激励教师的价值的。人力资本是在事实

[1] 李碧虹．人力资本视野中的大学教师薪酬制度研究［M］．长沙：湖南大学出版社，2010：88－106.

上切实影响薪酬的根本因素，但在这一点上，在中国大学里体现的强度较小，薪酬对教师个人的人力资本投资回报低于年资带来的回报。薪酬差距主要体现个体差异，对教师合作行为的回报较低。大学教师的收入水平从制度内收入看不高，尽管某些人隐性收入较多，部分高收入者拉大了教师内部的收入差距，以年轻教师为代表的低收入群体普遍存在。这在整体上形成当前中国大学薪酬制度的基本问题，且主要通过青年教师反映出来，导致大学青年教师的某些基本需求难以得到满足。

★ 难以兼顾教师的自利性与公共性

人是自利性与公共性的统一，大学教师也不例外，自利性与公共性的统一形成大学教师的本质特征。自利性与公共性的统一寓于所有人的本性之中，体现了人的本性中的共性。但是，自利性与公共性在不同人身上表现出不同的特征，体现了人本性中的个性。大学教师作为教师群体的高端群体，既有区别于教师以外的其他群体的特征，也具有区别于其他教师的特征。自利性与公共性在大学教师这个群体身上也会表现出区别于其他群体的特征。大学教师作为大学组织里的主体，也无法摆脱自利性的纠缠，追求自身利益的最大化，也是大学教师自利性的典型表现。这种自利性在大学青年教师身上应该说表现得尤为突出，而且带有自身的突出特征。正如法国启蒙思想家霍尔巴赫说："利益就是人的行动的唯一动力。"[1] 这种自利性在大学青年教师身上表现如下：第一，大学青年教师的自利性具有突出的自私性特征。大学青年教师自利性的这个特征，同自己从依赖于他人生存转向独立生存的转换期密切相关。第二，大学青年教师自利性具有急功近利性的特征。为了多点收入，解决一些生存与生活实际的问题，说得多，做得少，功利性突出。第三，大学青年教师自利性具有挤压公共性的特征。由于前两个特征的存在，对教师教书育人的公共空间与公共氛围重视不够，加之大学教师与学科专业壁垒的存在，大学青年教师从一开始就容易形成单打独斗的风格。而在中国特有的官僚制组织氛围中，大学青年教师的自利性特征虽然明显，但又往往被一些变相或异化的组织公共性

[1] [法] 霍尔巴赫. 自然的体系（上卷）[M]. 管士滨，译. 北京：商务印书馆，1999：260.

所遮蔽，导致大学青年教师的自利性很难形成自身鲜明的个性，在整体上很难做到兼顾其自利性与公共性。这在基本收入上也得到体现。

★ 难以突破传统造成的忽视教师是生活平凡人的观念

传统上，教师往往被定义成代言人、化身之类的角色，言下之意，社会的正义、美德都浓缩在教师这一主体身上。“天地君亲师”的排序赋予教师无上的荣耀。“国将兴，必贵师而重傅；贵士而重傅则法度存。国将衰，必贱师而轻傅；贱师而轻傅，则人有快，人有快则法度坏。”（《荀子·大略》）把教师的作用提升到与国家兴衰息息相关的高度，另外还赞美教师是蜡烛、太阳、园丁等，其中包含人们对教师的种种期待。但是人们往往忽视教师也是现实生活中的平凡人。把教师看作现实生活中的普通人，并不会损害教师的形象，反而更有利于人们客观地审视与关注教师的生活，从而切实有效地改善并提升其生活质量。在所谓“神话式”的期待中，一些办学者与教师自身迷失了自己。很多教师不自觉地进入一个规定的围城之中，“把自己的思想归属于一个可栖息其中的概念体系，而泯灭自己鲜活的个性”。[1]

雅斯贝尔斯的这部经典之作，从“生存、自由、超越”的存在主义哲学基础出发，详尽深入地论述他对教育的独特理解，为我们理解和认识教育问题提供宽阔的视野，引导我们去追溯教育的本源与所在，寻求教育的本真意义

[1] ［德］雅斯贝尔斯．什么是教育［M］．邹进，译．北京：生活·读书·新知三联书店，1991：7.

总之，只要弄清楚上述问题并解决问题，教师的需求就逐渐能够得到满足。

直到今天，我们都还没有全部消除上述很久以来对教师形成的观念，尽管我们认识到提高教师的物质生活水平是提升教师物质生活质量的客观性的基础性条件，但是我们在很多方面还没有清晰地认识到一个道理——一个生活艰辛的教师，虽然能够在强大的责任感与使命感的感召下完成自己的教育教学工作，教师在整体上，尤其是青年教师依然是被放逐的对象。

本章小结

待遇或报酬：难以满足的需求吗？回答是不。

在面对需要认真仔细深入关注的大学青年教师问题上，最基本与最基础性的问题就是支撑工作得以顺利并良好开展的前提——待遇问题。在这么多年以来的现实生活中，由于人们对教育功利主义的近乎疯狂的追逐，使得教师尤其是大学教师的社会地位与生活水平得到相当程度的提高。但是值得注意是，大学教师，尤其是大学青年教师生活质量还远远没有达到与他们所承担的责任与付出的艰辛相对应的程度。不可否认，改革开放以来，大学教师的作用逐渐得到认可，社会地位也有显著提高，但与其承担的责任相比，仍然还有相当长的路要走。从责权利相统一的角度看，只有切实把大学青年教师的社会地位提升到其应有的高度，至少是大学青年教师在大学里的组织地位应该先得到切实的重视和落实——切实解决无房、无休息场所、无办公室、生活不便利等影响大学青年教师全身心投入教学科研的问题，我们才能有理由向大学青年教师在敬业精神、专业水平、教学能力等方面提出合理的要求。

第五章

道德，师德——师德的定位

财富和权势不过是命运的随意赠予，德行才是自我修行的成果。师德作为师能的根本，需要教师在教师角色扮演过程中不断地自我修行，这就决定了没有哪个行业像教师这样为道德与伦理所累。要专门制定教师道德规范，讲授师德课程，要求道德检查，甚至是建立道德委员会，对违反师德要求的教师进行制裁与除名。为此，有必要对师德定位问题进行准确认识，以有利于加强师德建设。

一、师德：教师必须承受之重

★ 师德是教师赢得名誉的方式

每个人都有自己的方式以赢得名誉，教师作为一个传道授业解惑的矛盾统一体，受道德外壳与知识内核共同作用，其道德外壳与知识内核的相互作用是育人运动的内在动力。教师赢得自己名誉的方式就是道德外壳的牵引与知识内核的旋转。拿道德玩火比用知识玩火危险得多。从道德外壳牵引来讲，最重要的就是坚守道德，凭道德让人诚服自己，进而赢得名誉。

自人类社会产生教育以来，古今中外教育的发展历程都充分证明，“德”在中西方文化体系中都有一个较高的位置，而在中国文化中一直处于最高的位置，“有德”既是中国人一出生就应该遵循的最基本标准，也是五千年中国人追求的最高境界。孟子指出人与兽的区别就在人有“理仪”，也就是道德原则。从史料看，成败在后人眼中只是一个事实，而道德操守高的人才是后人景仰的对象。易中天先生在《帝国的惆怅》一书中，论述王安石的改革时，有一个标题叫“成败与道德无关”，但在文中用大段的史实证明王安石、司马光都是道德水平很高的人，所以无论成败都是英雄。

从当教师的第一天起就应随时以“凭什么让学生服你”自警

★ 顺乎人性的师德是最美的道德

如果对教师职业有什么一致性要求的话，那笔者认为不外乎就是要求当教师的人遵守教师职业的基本道德规范。教师职业的道德规范本身也没有任何特殊之处，凡是与人打交道的职业，其道德规范大同小异，最根本的一点就是需要你把人当人看，即平等、尊重、善待。有时候人们批判一个教师道德水平如何低，如侮辱学生之类的问题，其实，这些都不是违反师德规范的，而是违背了做人的基本道德，或者违背了作为服务型行业的一员的基本道德。通过既定的师德规范将教师神圣化，反倒是对树立教育整体行业形象不利的做法，在人们越来越具有教育意识的新时代，需要创设的是良好的舆论环境，让教师悄悄走下几千年的道德神坛，告诉所有人，教师也仅仅是一个普通而平凡的人。犹如英国红衣主教纽曼在他的传世之作《大学的理想》中说的："大学的存在是作为达到伟大而平凡的目的的伟大而平凡的途径，是塑造公民并随之带来社会的和谐"。[1]

《大学的理想》(*The Idea of a University*) 是西方高等教育史上较早系统、综合、全面地论述大学教育的基本理论问题的名著。作者约翰·亨利·纽曼 (John Henry Neman，1801～1890) 是19世纪英国维多利亚时代的著名神学家、教育家、文学家和语言学家。1851年，纽曼应邀出任新创办的都柏林天主教大学校长。1852年，他在都柏林为宣传这所新办的大学做了一系列演讲。这些演讲后经修改，再加上他在其他场合所做的有关大学教育的演讲，合成《大学的理想》一书。纽曼的大学理想涉及大学的性质、目的、功能，大学教育的原则、方法和内容，自由教育与专业教育的关系，大学与教会的关系，等等。他的大学理想是一种代表经典自由教育哲学的大学理想，具有丰富和深刻的思想内涵。正因为如此，他的大学理想才具有如此顽强的生命力，以至《大学的理想》在出版一百多年后的今天，仍对世界高等教育的发展有着积极的影响

"伟大而平凡的目的的伟大而平凡的途径"的实现，首先取决于教师伟大而平凡的能力。也就是说，作为大学教师，首先是做回自己，不要刻意扮演，更不要老想证明自己，证明自己像个老师。我们无须证明，我们就是老师，如果我们是真实的，如果我们是善良的，如果我们是有学问

---

[1] [英] 约翰·亨利·纽曼．大学的理想 [M]．徐辉，等，译．杭州：浙江出版社，2001：18.

的，那么，我们就尽情地在学生面前表现自己吧。当我们表现自己的时候，在学生心中，尽管我们的身躯不够高大，也不够漂亮潇洒，但是我们是最美丽的。

★ 教师的职业风险在于能否守住道德底线

教师最大的职业风险是道德方面的风险，这是育人行业的特有性质决定的。也许人们可以接受一个公司企业的老总或者工作人员花天酒地，却不能容忍一个教师有道德上的问题。教师要格外小心，在哪里倒下都可以，但是千万不能倒在“失德”上。道德上的失败会让你一辈子无力翻身，或者说几千年来靠道德这种正能量推动前进的人类社会以及新时代强调“德育为先”的新内涵所建构的整体氛围使一个在道德上倒下的教师很难再次翻身。因此，教师要务必爱惜自己的每一根羽毛，要紧紧盯住自己的道德路标，一刻也不能放松。那教师道德的底线是什么？是诚实。因为教师是施教者，是向学生提供与传授知识信息的人，是用真实的、正确的、有效的知识和学生进行沟通的重要人物。如果一旦教师被认为是不诚实的，那其权威性将荡然无存。

★ 师德这种能力决定教师或教育的成败

关于什么是道德的诸多概念探讨中，笔者最喜欢与最认同的是：道德是一种能力。把这句话加上一些限定性与修饰性的词语可以表达成：“道德是一种恰如其分地与自身之外的其他现实发生关系的能力。”[1] 尽管这种能力与一个人关于高尚的意识、知识、情怀、意志与行为相关，但是主要还是一种能力。如果不具备高尚的能力，那么一个人就只是一个“口头表演者”，会被批判为“虚伪”或“伪善”。强调教师的道德是一种高尚的能力，其目的在于通过教师赋予学生高尚的能力。这就是师德的指向。师德是一种什么样的能力？一个教师怎样才算是高尚的？这种能力的核心就四个字——恰如其分。那怎么才能使人懂得“恰如其分”？关键要拥有两大价值观：尊重与责任。这里所说的“尊重”是指“不能伤害”，意味着他能认真地对待某人或某事，不伤害自己与他人，不伤害所有形式的生命

---

[1] 郑杰．给校长的建议［M］．北京：教育科学出版社，2010：118.

以及滋养其成长的环境。"责任"是指"要去帮助"，责任是尊重的延伸。责任意味着面向他人，关注他人，并对他人的要求做出积极的反应。换言之，师德是一种能力，主要是指教师要有"尊重"和"责任"的能力，这两点永远是道德的主题，如果没有这两点，将导致教师职业的失败或教育的失败。只要有这两点，教师就能成功，教育就能发展。

★ 师德是一种人格感染另一种人格

教育的最后与最高的结果是"人格"，让人形成一种合情合理的人格，人格对人才来讲就如同真理对思想一样，而学生的人格需要教师的人格给予熏陶感染。那什么是教师人格？"所谓的教师人格是指教师在其职业劳动过程中形成优良的情感意志结构、合理的智能心理结构、稳定的道德意识和个体内在的行为倾向性。"[1] 这种倾向性主要由教师的品格、性格、体格与资格四部分构成。教师品格是教师的人生观、世界观决定的，是相对稳定的思想、政治、道德特点与倾向，属于教师的精神世界中高层次的因素，决定人格的本质，影响教师的健康成长。教师性格是指教师要努力使自己表现出乐观向上和积极向上的精神面貌，要热爱生活，朝气蓬勃，勤奋学习，使活泼开朗的性格成为其稳定的心理特质。教师体格是指要拥有一个能够教书育人的良好的身体机能。教师资格是指教师要有胜任教书育人的专业能力。教师主要靠这"四格"去塑造学生的人格。

★ 师德使教师成为重要他人

教师是通过合情合理的道德教育塑造人的人格的"重要他人"。何谓"重要他人"？"重要他人"就是解决问题的人。学校是社会、行为与学术问题孕育的温床，而教师便是解决问题的人。教师可以通过以下方式感染并影响学生：启发学生树立目标与梦想，鼓舞他们，让他们明白梦想是可以实现的；保护学生中弱势群体不被欺负；鼓励学生培养终身学习的兴趣；指引学生创造更加美好的生活；慰藉并引导学生；树立好公民和成功人士的典范；帮助学生建立自信；鼓励在别处缺少支持的学生；耐心教导羽翼渐丰、挑战权威的学生；展示高贵的善意和无尽的耐心。教师对学生

---

[1] 肖正德．教师概论［M］．杭州：浙江大学出版社，2013：97.

的影响往往是微妙而不可估量的。

二、师德：不是职业道德

★ 教师的职业成分弱于角色成分

第一，清楚把握职业与角色的区别。“职业是指人们由于社会分工与生产内部的劳动分工而长期从事具有专门业务和特定职责并以此作为主要生活来源的社会活动。”[1] 从这个定义可知，职业是对人们的生活方式、经济状况、文化水平、行为模式、思想情操的综合性反映。它侧重于强调社会的自然分工是养家糊口的基本方式。“角色是指作为社会对处于一定地位个体行为的期望系统，是在特定社会中形成的一定类型活动和相应行为规范、行为模式的统一体。”[2] 从定义可知，角色是由于个人与社会的结合而产生的比个人更抽象的概念。个人以角色的名义与他人发生关系，角色是个人与社会的结合点。角色强调侧重人的身份与地位，身份是人们在识别角色时所使用的称呼。身份规定了角色，角色体现了身份。职业是个人自致与社会指定的结果，往往是固定与单一的，有时候是终身的，而角色是社会关系的产物，具有变动性、同兼性等特征。在这个意义上看，不能把教师单纯看成一种职业，而主要是社会指定的一种角色和身份。教师不是终身的，而应该是变动的，可更换的。教师不是自致的，而是由专门团体与机构考核筛选并指定的。

第二，职业道德与角色道德的区别。“职业道德是从事一定职业的人们在其特定的工作或劳动中的行为规范的总和。”[3] 职业道德的特征主要体现为四点：在内容方面，总是要鲜明地表达职业义务与职业责任以及职业行为上的道德准则；在形式方面，特别是在职业道德的行为准则的表述形式方面，往往很具体、灵活、多样；在调节范围上，主要是用来约束从事本职业的人员；在功效上，职业道德一方面使一定社会或阶级的道德原则与规范“职业化”；另一方面使个人道德“成熟化”。总之，职业道德突出

---

[1] 秦启文，等．角色与品格［M］．合肥：安徽教育出版社，2008：1－2.

[2] 同上：45－46.

[3] 罗国杰．中国伦理学百科全书·职业伦理学卷［M］．吉林：吉林人民出版社，1993：31.

的是行业性的群体特征；“角色道德是指人们在社会生活中充当某种角色时所必须遵循的行为准则、价值观念及其道德实践”，❶ 角色道德突出的是角色人员只有对自身及自身活动的意义、价值自觉、自知，才有可能形成角色道德，其角色行为也才会被看作内在德性的体现。角色道德不是自然形成的一种角色习惯，更不是兴趣、感情的结果，而是凭借一定的角色判断与角色选择，自觉控制、处理感情与行为的结果，是角色人员自觉意志的凝聚。总之，角色道德突出的是角色人员在社会生活中的个体性。如商业道德是职业道德，营业员道德则是角色道德；军事道德是职业道德，而军人道德则是角色道德；政治道德是职业道德，而官德是角色道德；教育道德是职业道德，师德则是角色道德，等等。

★ 把师德定位成职业道德存在的问题

第一，降低师德的主体性作用。在社会整体意义上，有多少种职业就有多少种职能，各行各业都承担一定的社会职能，且各行各业的社会职能一定是镶嵌在社会之中的。一个国家或者一个社会，不仅要事事有人做，且要专事有专人做。专人做专事，这是社会成员的自然分工，也就是说，从事某种职业本身对社会、对个体是自然的事情，即使通过竞争上岗而获得一种职业，也是属于社会演化发展中的自然现象。同时，从事某种职业不仅意味着有了一个社会可以正式承认的身份或者角色，而且意味着有了生活必需的主要经济来源，有了谋求生存的手段。据此，“干活吃饭，挣钱养家”成为大多数人从事职业的主要动机，也就是职业生活的基本事实。从这个视角出发，假如当教师的人仅仅为了养家糊口，仅仅为了谋求生存，那么，在其工作活动中就仅仅为了一个饭碗，不求有功，但求无过。抱着不求有功与但求无过的心态从事教师职业的人，将是一个“贫乏”的教师。“精神的贫乏、潜力的贫乏、生命的贫乏、希望的贫乏、梦想的贫乏、期望的贫乏。如果在这些方面有所欠缺的话，再多的钱也无法改变这种贫乏的状况。”❷ 这样，就无法体现师德在教师教书育人中的主体

---

❶ 魏英敏．新伦理学教程［M］．北京：北京大学出版社，1993：522.

❷ ［美］叶维尼·凯．金钱哲学［M］．朱乃长，译．天津：天津人民出版社，1997：154. 转引自：叶澜，等．教师角色与教师发展新探［M］．北京：教育科学出版社，2001：36.

性地位以及作用。

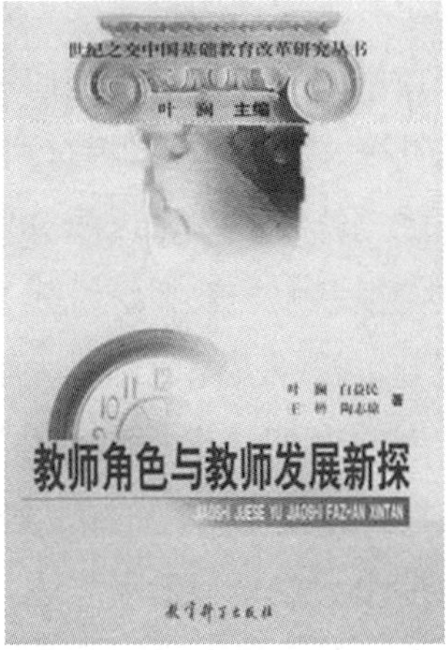

全书共分五部分："导论"包括对教师职业内在价值的认识和新世纪专业形象的总体概述；"教师德性论"从追问"教师德性是什么"入手，论述教师德性的核心构成以及养成；"教师审美论"由教师职业美的产生、表现和价值三部分构成；"教师发展论"则通过对教师专业发展研究的历史梳理，对"自我更新"取向教师专业发展的基本特征、发展过程和机制进行探讨；"结语"以《面向21世纪新基础教育探索性研究》课题所提供的经验为依托，对教师如何实现发展进行深入的阐述

第二，弱化教师个体人员的角色意识。"大学最根本的任务是育人，从我们大学中走出去的毕业生，应该是社会的栋梁，他们不仅应该有知识，有技能，更应该有道德感……"❶ 要培养有道德感的大学生，就需要有道德感的大学与有道德感的大学教师。在宏观上看，"道德感"三个字其实就是一种道德意识，从具体扮演某种角色的层面上看；如从大学教师角色上看，"道德感"就是一种角色意识。角色意识是指"占据某一角色的人将社会对其角色期望内化为自我意识和自我评价的标准"❷，具体意思是形成角色权利与角色义务、地位与作用的前提条件。它渗透角色个体的自我认可、自我判断，同时是角色自信、角色自尊的根源。恰当而良好的角色意识有助于所承担的角色得以顺利扮演，反之，不恰当的角色意识则

---

❶ 黄达人．大学的观念与实践［M］．北京：商务印书馆，2011：35.

❷ 吴英姿．法官角色与司法行为［M］．北京：中国大百科全书出版社，2008：29.

会导致所担当的角色发生冲突以及角色失真。角色冲突是指占有一定地位的个体与不相符的角色期望发生冲突的情景，也就是个体不能执行对角色提出的要求就会引起冲突情景。对于大学教师而言，角色冲突主要是在教学角色与科研角色之间的冲突，在学术角色与行政角色之间的冲突。如果一个大学教师角色意识不强，就会导致在这两对角色间产生角色冲突与角色差距，甚至是角色失真。很多大学教师纷纷丢下学术角色而想挤进行政角色，导致学术与行政不分，教师不像教师，大学不像大学。一所大学的教师如果不能各安其分、各尽其职，出现角色冲突与失真甚至角色反串，就是师德衰败的开始。从职业角度来讲，一个大学教师同时可以是“院长/处长”。但从角色来讲，一个大学教师就不应该同时是“院长/处长”，就像一个人不能同时扮演两个角色一样。在特定场合角色都是特定的，不能用一种角色代替其他角色。一个教师在课堂里上课只能是以“教师”身份，在商场购物只能是以“顾客”身份，在家里妻子面前就只能是以“丈夫”身份，在公共汽车上就只能是以“乘客”身份而出现。

第三，导致师德建设的超前性与社会道德的现实性相混淆。从社会整体性道德要求出发，师德的要求与其他职业群体的道德要求是不能相提并论的。师德代表了社会道德的较高层次，体现了道德发展较高要求的超前性规范，这样才能体现“大学通过培育学生的超越意识与能力来体现自己的超越性”，❶ 大学的本领在于让“每一个人都可以感觉到自己被召唤成为最伟大的人”。❷ 大学教师道德建设的超前性就是靠教师去身体力行，大学的理念靠有道德感的教师去实现。超越的大学，真正的教育，“总是要靠那些不断自我教育与不断超越的教育家才得以实现”。❸ 大学教师在道德层面上的超越性主要是指“大公无私、专门利人、坚持真理、修正错误、明辨是非、身正学高、因材施教、诲人不倦”❹ 等。这些道德规范，对于一

---

❶ 张楚廷．高等教育哲学通论［M］．北京：高等教育出版社，2010：185.

❷ ［德］雅斯贝尔斯．什么是教育［M］．邹进，译．生活·读书·新知三联书店，1991：147.

❸ ［德］雅斯贝尔斯．什么是教育［M］．邹进，译．生活·读书·新知三联书店，1991：24.

❹ 秦启文，等．角色与品格［M］．合肥：安徽教育出版社，2008：215－221.

般人而言是属于提倡性、鼓励性、理想性道德，而对于决定大学生未来道德水平的大学教师来说，则是必须坚守并身体力行的内心律令。也就是说，大学教师需要遵守的是社会的先进性的道德要求，而一般人员需要遵守的是社会现实性的道德要求。而当前的大学育人质量出现危机，一定程度上，广大教师放松了对自己道德超越性的要求，连一般性的社会道德的现实性要求都没有达到。教师仅仅是一些简单知识型的育人之人，培育出来的学生也仅仅是一些更简单的知识型劳动者。殊不知，“生产越是知识型的，就越要求知识劳动者具有反思性判断的能力”。[1]“反思性判断能力”的前提与核心是有一套吻合人类社会发展的核心及先进的价值观与道德感。如果大学教师本身是一些没有灵魂的专家，那就直接影响整个社会道德的建设。

第四，导致在具体要求层面师德出现了模糊性。中国经过新中国60多年的发展到今天，教育文化意识仍存在很大的模糊性，且是中国传统文化、近代从西方传入的西方现代文化与社会主义文化三大文化夹杂在一起的模糊文化，而要梳理清楚这种模糊文化的重任只能在大学与大学教育。在这种模糊文化环境中，必然在很大程度上影响大学教师的道德建设，势必导致师德被夹杂在一般道德、职业道德的规范之中被人们加以把握。这完全忽视了大学教师与一般社会成员不同的道德要求与教学研究并非某种单纯职业的特征，势必导致师德规范难以得到明确的认定。尽管国家顶层教育政策方面提出了一些关于抓大学教师道德建设的条款等要求，但是始终对师德没有明确的规范说法。根据教育与人类社会发展的关系轨迹可知，“道德是教育出来的，是一点点在传统中熏陶出来的，可我们的传统正在巨变，正受到冲击，每一个人都开始失落。如果按正常的状态，即便在一个特殊主义社会，也先在地有一个道德基准，在这个参照系之下，人们知道向道德的方向去努力，这就是‘文明化’的过程。而现在似乎不是这样，而是有点‘野蛮化’的过程，因为没有人去指导，人完全是看怎么好就怎么来了。人们只是靠理性驱动，他的利益函数、效用函数，力求在

[1] 汪丁丁．教育是怎样变得危险起来的［M］．北京：中央广播电视大学出版社，2012：75.

眼前实现最大化，以后的事他也不去想了。"❶ 在这样一个唯利益主义的感召下，很多大学教师只注重当好教学研究的机械工具，却无法清醒地明确怎样做一个"道德人"，很难有确定的、清晰的、规范的道德驱动自己。即使强调了一些道德规范，也往往容易演变为对教师的装饰，在这种情况下，师德建设出现了模糊与难度。

三、师德：作为角色道德

★ 教师主要是一种角色以及角色丛

对师德职业定位误区的说明，同时意味着对师德进行角色定位的强调以及由此而引申的现代含义。教师作为一种社会角色从来不是一种单一的存在，而是一个角色丛。角色丛（role set）的概念首先是由默顿提出的，即"指处在某一特定社会地位的人们相互之间所形成的各种角色关系的总和。因此，……社会的某一个别地位所包含的不是一个角色而是一系列相互关联的角色，这使居于这个社会地位的人同其他各种不同的人联系起来。"❷ "任何一种社会地位或身份的人，都有一整套由其身份地位所规定的社会行为方式，当个体在执行与其社会地位、身份相适应的社会职能时，其心理与行为必然要符合相应的角色。"❸

从传统的一般意义上概括起来，教师有三大角色，即传道者、授业者与解惑者。其实教师的各种角色都是在这三种传统角色的基础上衍生出来的。在面临信息爆炸凸显教师知识存量不足、世事复杂显示教师视角有限、社会进步显示教师与时俱进等角色转换的压力，此时，如果需要变换一种视角来认识教师角色，那应该是从传道者转向学习知识的引路人、从解惑者转向发现问题的启发人、从授业者转向解决问题的参与人。因此，在"教师"这个词语限定下的教师角色，可以演化出多种角色形成的角色丛。

---

❶ 汪丁丁．影子对话：丁丁博客月记［M］．上海：上海人民出版社，2007：169.

❷ Merton R. The role set：problem in sociological yheory［J］. British Journal of Sociology，1957，(8)：106.

❸ 沈之菲．教师的职业生涯［M］．长春：东北师范大学出版社，2001：25.

总之，“做教师就是要在教育实践领域里扮演一个恰如其分的重要角色”。[1]

《教师的职业生涯》立足教师的职业体验和发展探讨教师职业生涯的特点与角色内涵，阐述教师成长的阶段规律，揭示教师专业素质的内涵，引导教师从一个师范生、实习教师、年轻教师成长为优秀的、具有专业精神的教师。该书力求使教师读来亲切，阅后能够对照自己的职业经历和体会，反思自己的教育教学，并在实践中努力发挥自己的潜能，开创自己职业生涯的成功之路

★ 师德是一种多元化的道德主体

教师的角色丛意味着教师在现代社会中不可能是一个单一的道德主体，而是一种多元化的道德主体，师德的形成及其社会效应也不可能由单纯的道德手段所致，而是需要社会各方共同的努力，尤其是当出现角色冲突的时候。角色冲突是角色扮演者在角色扮演中出现的心理上、行为上的不适应、不协调的状态。把教师看作道德主体，是对师德地位的确认，同时把教师这种道德主体看作多元化主体。看到教师由单一的道德主体向多元化主体的变化，是对师德本质的确认。窥视一下关于师德多元化道德主体的发展历程可知，教师历来被比喻为“蜡烛”“园丁”“灵魂工程师”等。这些隐喻分别从不同的道德视角强调教师不同的道德主体功能，北京大学陈向明教授对此进行了细微的分析。[2] 这些隐喻折射出各自对教师角色道德的不同理解与阐述，但其缺陷在于这些隐喻本身并不能准确概括教

[1] 叶澜，等．教师角色与教师发展新探［M］．北京：教育科学出版社，2001：39.

[2] 陈向明．教师的作用是什么——对教师隐喻的分析［J］．教育研究与实验，2001（1）.

师角色道德的深刻内涵。“蜡烛”的隐喻突出的是教师的献身精神，忽略了教师自身生命的成长与发展。“园丁”的隐喻突出了教师的积极辅助作用，但是过于强调学生发展的固定类型与阶段性。“工程师”的隐喻体现出教师要针对人的灵魂进行教育，但学生的主体性被遮蔽了。尽管各种隐喻有其只强调教师的义务而看轻其权利的弊端，但都强调了师德的重要性，都折射出师德是一种多元道德，教师是多元道德主体。

★ 角色道德背后是一种角色利益

角色是社会结构中非常重要的组成要素，从功能主义的角度来看，角色对社会稳定的贡献是巨大的，通过社会角色让人们预期他人的行为，而每个人自己则可以按本身所属的角色来表现。而引领这种角色的巨大功能得以正常健康彰显的是角色背后的道德。道德无论以什么样的形态出现，总是属于主观性的东西，道德背后的客观基础是利益，是实实在在的利益关系。但是，长久以来，我们一直在强调道德的主观能动性的作用，前述的各种隐喻就是这种一度夸大教师师德主观性的表现，而且把这种道德精神当作通过学习、教育可以获得的，在任何情况下都能保持并发扬的。用一种被拔高的、曲解的方法塑造出很多不食人间烟火的英雄式教师，那种“纯粹的道德人”的道德追求始终仅仅是道德乌托邦，我们没有看到并关注隐藏在道德背后那些人性的本能利益需要。殊不知，“越是低层次的需要，越体现人与动物的相近性，越具有自私的性质；而越是高层次的需要，越能体现人之为人的品质，越有益于公众和社会，越少自私。”[1] 两种利益需要的关系是，低层次利益的需要是高层次利益需要的前提。现代性的师德建设必须看到并处理好这两种层次的利益需要关系。

★ 师德作为角色道德的核心内涵

第一，角色责任。这是角色道德的基本规定。每一种社会角色同时就是对社会责任的某种分担，换句话讲，社会责任的分解是通过角色的分工实现的。责任就是应尽的职责，即分内应该做的事，如果没有做好分内应该做的事，应当承担过失。“教师责任是指教师基于教师这一角色应主动

---

[1] ［美］马斯洛．动机和人格［M］．许金声，等，译．北京：中国人民大学出版社，2007：116.

承担应尽的义务和对因过失所造成后果的追究。”❶

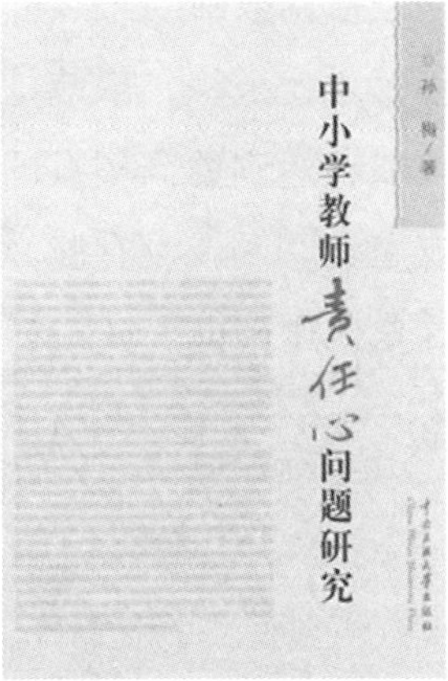

教师是履行教育教学职责的专业人员，是振兴教育的希望和保证。教师的工作是长期的、细致的、多方面的辛苦劳动，这就决定了教师必须要有高度的责任心。责任心是教师道德品质和职业道德的核心内容，是教师职业的首要条件，是教师良心的升华。教师责任心问题一直是社会关注的问题，也是教师职业伦理研究所关注的问题。教师责任心的加强是责任心问题研究的最终目的和归宿

教师的角色责任宏观上看就是为学生服务；微观上看，可以分为三类责任：第一类是职业责任，即教书的责任、育人的责任与钻研业务的责任；第二类是法律责任，即遵纪守法的责任、教育教学的责任、教育学生的责任、尊重学生的责任、保护学生的责任、提高业务水平的责任；第三类是道德责任，即前面两类责任的超越和升华。

第二，角色技能。这是担任角色的能力。一个人在任何程度上可以真正履行角色责任，不仅取决于他是否具有责任感，更主要的是取决于他的能力。“能力是指作为掌握和运用知识技能的条件并决定活动的效率的一种个性心理特征。”❷“技能是指通过学习而形成的合法则的活动方式，它是在一定生理条件的基础上，在心理活动的支配下，按照特定要求通过反

❶ 孙梅．中小学教师责任心问题研究［M］．北京：中央民大学出版社，2011：38.

❷ 中国大百科全书出版社编辑部．中国大百科全书·心理学卷（上）［Z］．北京：中国大百科全书出版社，1991：225. 转引自：朱超华．教师核心能力论［M］．广州：广东高等教育出版社，2007：12.

复练习而形成的。”❶ 对教师而言，角色技能主要应该是指其专业能力，即学科专业能力，也就是倾向于强调教师的“才”。实际上，“才”与“德”是不能分开的，一定程度上，才就是德，德就是才。在现代信息时代，一个不学无术、无识无知的人能够达到德高望重的境界吗？当然不能。教师的能力与才识是师德的应有之义。一个没有能力履行角色责任的教师，本身就是角色失真，还有什么角色道德可言。

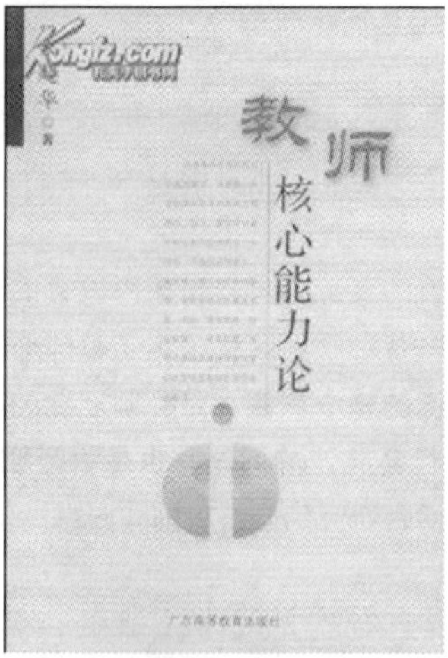

《教师核心能力论》认为，没有教师参与的教育不成为教育，没有核心能力的教师是没有生命力的教师。如今，教育界对教师核心能力的研究还十分缺乏，而在很大程度上，教师核心能力决定教师素质，教师素质决定教育质量。因此，要使教育“明白自我”、走出困境，当务之急就是研究和建构适应素质教育需要的教师核心能力

第三，角色调解。角色调解是两个角色或多个角色因角色的要求而发生冲突时，遵循特定情境要求给予角色种类的选择与调解，实现角色的准确定位。角色调解分为“内部调解”与“外部调解”。内部调解是指角色承担者通过自身的努力解决角色冲突。人既是主体，又是客体。一个人在一定社会位置上，作为客体，他必须考虑接受外界对他的角色要求，但是，作为主体，他又可以并且能够按照自己的理解和认识进行角色行为。外部调解是通过发挥角色承担者以外的力量，解决个人角色承担中的冲

❶ 朱超华．教师核心能力论［M］．广州：广东高等教育出版社，2007：13.

突。如一个教师在扮演传道者、授业者与解惑者等角色时，传道者、授业者与解惑者三者关系可能常常会遇到一些矛盾，这些矛盾的解决，就需要教师个人注意协调三者关系。当然，一个教师无论他兼任多少种角色，当发生角色冲突时，始终必须以“教师”这个角色为主，而不能反主为次，因为“教师”代表的是教育与学生的利益，这是对教师的基本要求。

★ 师德作为角色道德的实施范式

赫尔巴特说：“教育的唯一工作与全部工作可以总结在一个概念之中——道德。”根据这句话，教师的教学如果没有进行道德教育，只是一种没有目的的手段，道德教育如果没有教学，就是一种失去手段的目的。这也说明教师角色的道德承担与对学生身份规训的内涵。然而，根据赫尔巴特的说法，我们无法把握究竟适合用什么样的德育范式进行道德教育。其实，关于德育的实施范式，在德育史上，一直存在相互对立的两大流派——理性德育与关怀德育。我们一般只需要从中选出一项建构学校的德育范式就足够了。在这个问题上，从来没有第三条道路，作为教师的我们不必费尽心机进行所谓的其他德育范式的探索。

约翰·弗里德里希·赫尔巴特【Johann Friedrich Herbart，1776 年 5 月 4 日～1841 年 8 月 14 日】，19 世纪德国哲学家、心理学家。在近代教育史上，没有其他任何一位教育家可与之比肩，他的教育思想对当时乃至之后百年来的学校教育实践和教育理论的发展都产生巨大、广泛而又深远的影响。在西方教育史上，他被誉为“科学教育学的奠基人”，在世界教育史上被称为“现代教育学之父”，而反映其教育思想的代表作《普通教育学》则被公认为第一部具有科学体系的教育学著作

理性德育学派，起源于人类对理性的认识与崇拜，坚信并注重对德育理性的研究，强调道德理性的作用，认为道德应该是一种理性的呈现。这种学派可以追溯到古希腊时期，苏格拉底、柏拉图、亚里士多德都相信人类自身的理性力量和道德自身的理性属性，其核心观点就是对个体道德理性的建构。而关怀德育派，起源于对自身幸福的追求。启蒙主义时代，关怀德育开始盛行，而关怀德育学派的真正确立，是在女性主义教育理论出现之后。于中国，在鲁洁先生、叶澜先生、朱小曼先生三位当代中国教育界杰出的女性学者的德育研究理论与观念中彰显得非常明显，三位先生为当代中国德育学界的关怀德育学派带来了强大的影响力。作为教师的我们，在履行自己角色道德范式的时候，关键在于选择并坚信哪种范式进行自己的德育实施。

四、职业道德与角色道德：难以定位的师德吗？

★ 职业与职业角色经常混淆在一起

关于职业与角色前述已经说明，能够相对清晰地把握职业与角色的区别。但是，在理论与实践过程中，往往很难区分二者，经常混淆起来。把职业与角色连在一起的名词是“职业角色”，更增加了把握二者区别的难度。何谓职业角色？其主要是指人们在一定的工作单位和工作活动中所扮演的角色，是社会与职业规范对从事相应职业活动的人所形成的一种期望行为模式。社会中存在多少种职业就有多少个职业角色，任何社会成员都会扮演一种社会角色。社会文化、科学技术、各行各业的发展通过职业组织转变为形形色色的职业角色，又通过职业角色引导人们的职业社会化，把个体的人生发展目标整合到社会发展的轨道上，同时，人们也通过职业角色的获取并运用社会提供的资源尽可能充分发展自己。职业就成了个体借以实现自我发展与表现个人能力及获得成就感的一个重要场所，而职业角色也成了实现自身价值的重要形式。如学校组织是从事教育职业的场所，而学校里的教师是一种具体的职业角色。

★ 难以进行准确的职业角色定位

恩格斯指出，在社会生活中，“实际上，每一个阶级，甚至每一个行业，都各有各的道德。”[1] 就是因为各行各业都其道德，再把各行各业放到整个社会环境中进行发展，某些道德就显得难以区分，从事各行各业职业角色就难以定位。职业角色定位是指个体依据并运用所掌握的职业信息，从自己的职业需要、职业兴趣、职业价值观出发，结合自己的素质特点，确立合适职业的决策过程。职业角色定位的具体含义有两层：一是确定你是谁，你适合做什么；二是告诉别人你是谁，你擅长做什么。职业角色定位的目的是使人们能够尽可能地找到适合自己的职业。而职业角色定位是有难度的，因为它不是那么容易把握的事情，要理清四个步骤：一是要了解自己，主要了解自己的核心价值观、动力系统、个性特征、天赋能力、自身缺陷等。这些都是古今中外的哲学从本源层面探讨的终极问题，确实很难认识自己。二是要了解职业，包括职业的工作内容、知识要求、技能要求、经验要求、品格要求、工作环境、工作角色等。对于一个刚刚参加工作的人而言，应该没有多少人在开始就很清楚地把握工作的这些方面。三是要了解自己与职业要求的差距，需要仔细比较自身条件和职业要求等各方面的差距。这个也是一个职业人员终身需要把握的难问题。四是确定如何把自己的角色定位展示给相关的人，并以此获得发展的机会。上述四个方面的职业角色定位要求，应该是我们任何一个职业人都需要认真对待的四个问题，这四个问题很可能会陪伴我们一生。

本章小结

道德与师德：难以定位的道德吗？回答是不难。

教师是最应该占领道德高地的人。如果需要教师在“道德高地”与“知识高地”两者之间做一个选择，那教师首先需要选择的是道德高地，其次才是知识高地。这就是通常所说的“德才兼备”的含义所在。教师占领了道德高地，才能找到引领学生通向正义感与教人高尚的捷径。教师占

---

[1] 马克思恩格斯选集（第四卷）[M]. 236.

领了知识高地，才能找到引领学生达到聪慧的途径。教人聪慧与教人高尚是教育的两大目的。而教师要引领学生达到这两大目的，需要教师在其角色扮演中恰如其分地同时占领道德高地与知识高地，然后恰如其分地施展道德引领与知识引领。

第六章

知识，技能——武器的获得

知识与技能是一个大学青年教师从一开始就必须掌握的职业武器。知识是逻辑性的，技能是操作性的，两者有明显的差异。知识容易言传，技能主要靠体验与感悟。大学要培养优秀而杰出的合格社会公民，首先取决于育人主体的教师从走上教师职业那一刻起，就要拥有基本知识与基本技能，带着基本知识与基本技能而合情合理地育人才可能育出效果。反之不可。

一、教什么知识：决定教师是否优秀的逻辑起点

★ 教师的知识观

知识观的概念。知识观即关于知识的观念。它是人们对知识的基本看法、见解和信息，是人们对知识本质、来源、范围、标准等的种种假设，是人们关于知识问题的总体认识和基本观点。知识观的英文形式是“in the view of knowledge, idea about /on knowledge”即“对知识的看法”“在知识的视野中”。概而言之，知识观就是对知识的看法、关于知识的观点，这种看法和观点隐含对知识本质、价值、标准、范式的假设与信念，也表达对知识的理想和欲求。知识观不是知识本身，它是关于知识的知识，是伴随着知识的积累、丰富与增长，人们对知识所做的一种意识与反思。知识

观与知识的关系犹如元认识与认知的关系、历史学与历史的关系。

知识观的结构。知识观同其他观念一样，以若干单个的观念相互联系的形式存在，并且这种联系是内在的、有机联系的，而不是单个观念的简单相加。这些单个观念纵横交错、有机联系相互作用，便形成了知识观系统或结构。那些纵向联系的观念具有上位与下位、一般与特殊的区别，它们处于同一平面，呈并列关系。知识观的教育学结构：教育学是以改善、优化教育实践，提高人才培养质量为旨趣的学科，知识的选择、组织、传授与学习是教育活动的核心环节和基本工作。因此，知识观的教育学研究必须涵盖与知识选择、组织、传递相关问题，知识选择涉及知识的价值判定，知识组织涉及知识的类型与结构，知识传授与学习涉及知识的性质、类型。从内部结构看，教育学对知识观问题的研究包括：知识的价值观、知识的类型观、知识的结构观、知识的本质观、知识的获得观。在知识观的诸要素中，知识本质观（对知识基本性质、特征、属性的看法）是最基本的，它决定其他要素的存在及其关系。知识价值观（对知识作用、功能的认识）是一个中介要素，知识获得观（对知识习得、获取的看法）是知识观诸要素的集结点，知识观的其他要素、成分最终体现在知识的获得观上。知识获得观的形成又影响或改变知识本质观、知识价值观，三者相互关联、相互作用。从外部结构看，知识观与课程观、教学观、学习观、教师观、学生观亦有密切联系。由于知识构成课程、教学、学习的材料、内容和对象，课程的选择、教学的组织、学习的开展莫不围绕知识而进行，因此，知识观成为课程观、教学观、学习观的重要组成部分。不同的知识本质观、价值观和获得观又支配课程内容的选择和组织，支配教学活动和学习活动的过程、方式和形成，形成和导致不同的课程观、教学观和学习观。因此，知识观是构成课程观、教学观和学习观的前提。此外，知识观与教学观、学生观也有一定的联系，有怎样的教师观和学生观，就可能有怎样的知识观。

具体来看，大学教师从刚刚入职之时起，就应该树立自己科学正确的知识观——生活型知识观。只有教师知道知识是怎样从生活中来，才能把知识还原于生活，让学生从中发现知识，从而体会发现知识的乐趣，体现发现的快乐，激发学生发现创造的欲望。如果我们教师只是教授学生知识，学生对知识会有一种隔膜感，会觉得知识太抽象，无法与生活接轨，无法应用于生活，只是记忆知识，对知识的枯燥产生腻烦，从而厌学。现在很多教师，自己根本就不知道知识的来由，不知知识是怎样从生活中发现的，只是照本宣科，把知识从课本灌输进学生的头脑。学生学习的知识与生活脱节，感到学知识就是为了做题，觉得如果不考学，所有所学的知识就没有一点用处。

★ 知识的性质

知识是“对事物属性与联系的认识。表现为对事物的知觉、表象、概念、法则等心理形式”。❶“所谓知识，就它反映的内容而言，是客观事物的属性和联系的反映，是客观世界在人脑中的主观映像。就它的反映活动形式而言，有时表现为主体对事物的感性知觉或表象，属于感性知识，有时表现为关于事物的概念或规律，属于理性知识。”❷ 知识是主体和环境或思维与客体相互交换而导致的知觉建构，知识不是客体的副本，也不是由主体决定的先验意识。主体与其环境相互作用而获得的信息及其组织，储存于个体内即为个体的知识，储存于个体外即为人类的知识。可见，知识的本质是信息在人脑中的表征。这种表征最大的特性就是能够确证、具有明见性的信念或意见。明见性就是明确性与明晰性。即清晰明白而确定不移与清楚不模糊。“明见性”是知识最根本的性质。教师必须明白这一点，才能成为知识的化身。

★ 知识的完整性

对于一个知识要想将它付于应用，首要的条件是要对其有一个完整的认识。这个完整的认识不光是知道这个知识里有哪些东西，还要知道为什么有这些东西，这些东西的本质是什么。知识的完整性，不光是了解知识各个相关联的网，还要从外到内地了解整个知识的结构。老师一直所讲的找到事物的内在联系，将其纳入网中，就是这个道理。在这里，需要新教

---

❶ 顾明远．教育大辞典（第1卷）[M]．上海：上海教育出版社．1990：144.

❷ 董纯才．中国大百科全书·教育 [M]．北京：中国大百科全书出版社，1985：525.

师掌握并理解两句话：第一句话是“有知识就一定有能力”。如果你觉得有点勉强、自以为是，还有第二句话：“知识的完整性等于能力”——面对所要解决的问题，知识如果具有完整性，那就一定等于能力。也就是说，知识的完整性是指向能力培养的，并且是能力得以形成的基础。知识的完整性是知识与能力关系问题的基础。

为了再进一步理解知识的完整性，可以举例给予说明：一栋大楼，能不能建好，关键在于我们对这栋大楼的知识是否完整——当你对大楼的知识具有完整性的时候，这栋大楼就能够建好！同样，火箭能否上天、原子弹能否爆炸以及北京奥运会能否按时完成、如期举办，就在于一个“完整性”。

★ 知识的可传递性

新教师刚入职面临的一个重要问题是“怎样教知识”。“怎样教知识”背后实际上存在一个前提性的或者说是基础性的问题，即知识是否可以传递或者在怎样的条件下才可以传递，即知识的可传递性问题。

传递教学思想认为，可以通过教师、教材把知识传递给学生；而建构主义者认为，学生不是被动的刺激接收者，而是对外部信息有选择的接收者与加工者。另外，知识的意义也不是由外部信息决定的，而是学生新旧知识经验经过反复的、双向的相互作用而建构的。有的建构主义者干脆否定知识的可传递性，而有的则强调知识的可传递的条件。其实，不同的观点产生于对“知识的可传递性”的不同理解。如果将“可传递性”理解为一种生硬的类似物质的传递，则这种可传递性自然会遭到否定，否则，可传递性就可以成为一个可以讨论的问题，讨论的焦点是在什么条件下传递以及传递中会发生什么。“知识的可传递性决定了教师必须考虑两个环节——求得知识的态度和求得接受的态度。教师在知识教学时首先要考虑学生的认知态度与认知目标，只有当学生形成对教师传授的知识所需要的目标和态度时，知识才可以被传递到学生的头脑中。”[1]

---

[1] 季苹．教什么知识——对教学的知识论基础的认识［M］．北京：教育科学出版社，2009：41．

★ 对知识价值的判断

“人有智识，则有力矣”。这是我国东汉思想家王充在公元一世纪所著的《论衡》一书中提出的观点。这句话的意思就是：人若有了知识，就有了力量，知识就是力量。在王充1500多年后，英国伟大哲学家弗兰西斯·培根也提出了“知识就是力量”这一命题。高尔基说：“知识是我们这个社会的绝对价值。”这些话所揭示的真理，在进入21世纪的今天尤其放射出夺目的光彩。

王充：我国东汉思想家

培根：英国哲学家、思想家和科学家

高尔基：苏联无产阶级作家

我们置身的时代，被誉为是知识经济的时代。“知识经济”自20世纪90年代中期以来，成为传媒使用频率较高的一个词。近年来，“知本家”“知识精英”“知本风暴”……频频映入眼帘、传入耳际。知识改变命运的例子不胜枚举。关于知识，其定义有多种，《辞海》的定义是：“人们在社会实践中积累起来的经验。”而笔者认为“人类知识是推动社会生产力发展最终起决定作用的力量”定义较全面。蔡量在《知识决定论》中写道：“在中国的历史上，我们民族的感情总有这样一个误区，人们甘愿用极大的狂热去信奉迷信和权力，而不愿去崇拜知识，这样一来，一个古老民族的文明就必然衰落了。”随着科技的发展和信息传播速度的加快，知识的无穷价值和力量日益显现出来。面对知识深刻改变着世界的潮流，我国改革开放的总设计师邓小平大声疾呼：“尊重知识，尊重人才。”

关于知识的价值和力量的例子，古今中外，比比皆是。中国古代的四大发明在推进人类文明进程方面发挥的巨大力量和做出的辉煌成就，更是举世皆知。中国唐代，唐玄宗请李白翻译蛮书，而李白要国舅杨国忠磨墨，要高力士脱靴。头脑就是银行。震撼世界的“杂交水稻之父”袁隆平名字的品牌价值达1 008.9亿元人民币。对此，袁隆平泰然面对：“人的身上，最值钱的东西，是脑袋里的知识!”就全球来说，达尔文的进化论、马克思的科学社会主义理论、爱因斯坦的相对论以及蒸汽机、电、网络的发明及使用等，其在推动人类社会进步创造的不朽业绩确是人类之福。

★ 判断什么知识才能转化为能力

在当今这个竞争激烈的社会中，我们学习的知识越来越多，可是我们却不知道如何运用这些知识，我们不能让能力和知识的关系失调。著名的教育家苏霍姆斯基曾经说过：“所谓能力和知识之间的关系失调，表现为学生还没有具备作为掌握知识的工具的那些能力。可是教师已经把源源不断的新知识硬塞给他，快点掌握，别偷懒！这样的学生就好比没有牙齿的人：他们被迫把没有咀嚼的食物囫囵吞咽下去，开始时感到胃里不舒服，以后就病起来了，以致无论什么也不能吃了……”所以笔者认为正确的知识都必须转化为能力，能力必须用正确的知识加以丰富和指导。

前述培根那句名言：“知识就是力量。”但是从“知识”到“力量”，中间并不是一个简单的等号，需要一个艰苦的转化过程。联系到我们的读书学习中，要注重理论联系实际，通过实践把知识转化为一种能力。进入知识经济时代，知识的重要性不言而喻。知识是人类认识世界的成果，能力则是对知识的具体运用，二者必须紧密结合，才能有威力、出成果。知识只有用于实践，才能转化成能力；也只有实践才能检验对知识的掌握，加深对知识的理解，找到联系实际运用的途径，使能力、素质得到提高。提高的能力不能满足于学到多少书本的知识，获得什么文凭，而要看实践中研究新情况、解决新问题的本领如何；不能满足于背多少条文，而要看“五种能力”是否提高。知识只能来自间接与直接，而且往往间接的比直接的多。从感性升华为理性知识，说明知识质的变化。能力的高低与强弱，不仅只看知识量的多少，而且要看知识运用率。没有知识就谈不上能力，拥有知识未必有能力，有了能力，可以判断他有一定知识。但能力不能离开基础知识而独立存在，打下扎实的知识基础，才能提高能力。实践是检验能力的准尺，又是能力训练与提高的最好途径。在实践上学习，学习又实践，一面学习，一面实践，知识与能力就能同步发展，它们的互转作用就越来越明显。一个人获取知识的过程就是学习，运用的过程，就是知识转化为能力的标志。学不能用，就是我们平时所说的“书呆子”，俗话说“知识满脑子，用时方恨少”，说的是知识重要性在于懂得运用。评价一个人知识的多少，重要的一条是看他能否学以致用，用得活不活。纵使拥有深厚的知识，但不能解决实际问题，这就是本本主义，或者教条照搬书本，照搬其他民族的文化知识，不看本国现状，死搬硬套，结果必落个被人耻笑的地步。

综上所述，教师必须把其所学的知识转化为实践的能力，并培养学生学习如何获取知识的能力，只有这样，教师与学生的未来道路才可以平坦。

★ 判断什么知识能够激发学生的兴趣

学习是一件苦差事，课堂又是学习的主阵地。沉闷、机械化的课堂犹如一潭死水，缺乏生机，难以激起学生心智与情感的浪花。即使教师一再督促、责骂，也无法达到好的教学效果，还影响老师与学生的关系。怎样才能让学生喜欢学习，是每个老师面临的挑战。爱因斯坦曾说过：“对于一切来说，只有喜爱才是最好的老师，它远远超过责任感。”在知识教学过程中，要使学生积极、主动、快乐地学习，就必须思考“什么知识能够激发学生的兴趣”，使学生对教学内容产生兴趣。激发兴趣就成为教师教学的关键。

兴趣，是指人们对事物的一种认识倾向。它使人们对某种对象优先注意，并产生向往的心情。学习兴趣是学生学习自觉性和积极性的核心因素，它能够激发学生的好奇心、求知欲，从而集中注意力，积极地投入到学习中。对学习感兴趣的学生在学习中往往表现得兴致勃勃、孜孜以求，甚至废寝忘食。在学习过程中，他们体验攻克难题的喜悦、发现真理的惊讶、获得知识的满足。由于老师给他们带来的欢乐，他们也更加喜欢老师，从而以更积极的态度投入到学习中，促成教育活动的良性循环。在知识传递过程中，教师可以从以下四个方面激发学生的兴趣。

第一，以“境”唤起学习兴趣。情境教育被称为“是一种促使教学过程变成能引起学生极大兴趣，激发学生向知识领域不断探索的教育思想”。在教学实践中，教师可以灵活运用多种手段，如语言描绘、幻灯、投影、录像、音乐、绘画、角色表演等，再现教材情境，引导学生体味，激发学生的学习兴趣。教师还可以让学生扮演课文中的某一角色，经历情感的体验，产生深切的感受，从而全身心地投入到学习中；还可以运用电教媒体，再现课文描述的情境，调动学生多种感官，参与学习，保持学习兴趣，则会收到更好的教学效果。

第二，以“争”催化学习兴趣。教师不应用“唯我独尊”的威严压抑学生的学习积极性、主动性。教师应创造一个能让学生百家争鸣、各抒己见的宽松的学习环境，让学生在竞争中体现自我价值，更积极地投入到教学中。在教学活动中，教师要抓住契机，适时地点燃争论的“导火线”，多给学生一些表现自己的机会，增强他们的学习兴趣。

第三，以“动”强化学习兴趣。在教学过程中，学生是学习的主体，课堂的主人。教师要树立民主、平等的思想，抑制自我中心意识，真诚地认识到自己是为学生服务的，从而让学生充分地参与到教学中。教师还要做到学习面前人人平等，教学要面向全体学生，让每个学生都能取得学习成果，让不同层次的学生争取不同程度的成功。在教学过程中，教师应该具备良好的教育素质，与学生建立民主、平等、友好的师生关系。用灵活的教学方法，不轻易指责、批评学生，常常给以鼓励和支持，尤其是关爱那些中差生。在一堂课或——个教学环节后，教师要及时进行学习评估，多肯定，多鼓励，让学生感受到成功的喜悦，从而心情舒畅、无拘无束地参与学习活动。

第四，以“情”内化学习兴趣。现代心理学研究表明：情感因素是学生接受信息的阀门，积极的情感是学生认识活动的“能源”和“发动机”。师生之间没有心理沟通，缺乏情感共鸣是难以产生“合力效应”的。因此，教师要与学生积极地进行情感沟通，让课堂成为一块师生情感共鸣的教育艺术园地。

在知识教学过程中，教师可以在教育的各个环节，采用各种方法，从

“境”“争”“动”“情”四个方面激发学生的学习兴趣，让他们积极投入学习中。

二、教师知识：一种习得性知识与笼统知识

★ 什么是习得性知识

中国宋朝时期的教育启蒙教材《三字经》里有两句大家耳熟能详的话：“性相近，习相远”。意思是，人生下来，天性是差不多的，但是后天的习性会渐行渐远。什么是“习性”？“习性”是指长期在某种自然条件或社会环境下所养成的特性。这种特性可以通过习以性成，“习以性成”是指长期的习惯会形成一定的性格。大学青年教师从职业入场开始，就应该明白自己作为教师，作为一名知识使者，作为知识传承者，通过后天的习性获取知识可能比其他行业的职业人员更加明显。习得性知识的根本特征之一在于知识积累，通过积累使知识达到一种存量的状态；特征之二在于是一种在场知识，也就是说习得性知识一定要卷入活动才能得到知识，这种活动可以是教学过程中的所有环节的活动，也可以是科学研究所有环节的活动，还可以是日常生活中的各种活动。这些知识的获得与积累形成了所谓的习性。换句话说，是今天增加一点明天增加一点、你添加一点我添加一点这种形式积累获得的。

西塞罗，MarcusTulliusCicero，公元前 106 ~ 前 43 年，罗马最杰出的演说家、教育家，古典共和思想最优秀的代表，罗马文学黄金时代的天才作家。他说：“知识是除生理需求外，我们应追求的首要目标。”

★ 什么是笼统知识

笼统知识是指缺乏具体分析，不明确甚至是含混的知识。掌握笼统知识的人其实就是博学之人。大学青年教师在习得性知识的获得过程中，没有必要刻意去专门针对某一方面或领域的知识做苛刻的追究。而应该通过使用熟悉的、已经理解的东西解释不熟悉的新东西，一个教师知道和熟悉的东西越多，能掌握的东西就越多，习得这个过程也能变得更快更容易。心智在很多时候几乎是在无意识的情况下创造类比，用熟悉的知识理解不熟悉的知识。在这个程度上讲，笼统知识可以有助于一个大学青年教师改善观念和理解。这也解释了为什么刚刚职业入场的大学青年教师因为思维能力与知识的欠缺而导致教学过程中出现一些困难。但是经过一定时期的笼统知识的习得，知识基础已经在一定程度上得到建立，进一步的知识习得就变得容易了。

古罗马哲学家塞涅卡说：“博学者一天所经历的东西比无知者一辈子所经历的东西还多。”

★ 笼统知识增强创造性

众多不同学科的知识提供了跨学科观点的孕育，心智的完整性有助于产生新观点，加深理解。那些突然的顿悟、天才的火花，看来没有源头的解决方法，实际上是思想对某个问题的无意识工作的结果，或者是因为使用长期学习与积极思考而储存在大脑中的材料的结果。作为教师，知识储备越多，知识领域越广泛，其创造性就越大。正如全世界高等教育界经典之作《大学的理念》的作者，英国教育家约翰·亨利·纽曼指出，每个知识领域都只给出了人或事物的某一方面的知识，排他性或过分强调某个专业研究领域将扭曲人们对现实的理解。犹如躺在椅子上的哲学家所说："当你拥有的唯一工具是锤子时，你倾向于把任何问题都当作钉子。"全盘的知识是一个整体，统一的整体，而一个研究领域仅仅是其中的一块，是实践知识的一个角度或者一个方法。因此，笼统知识对于大学青年教师的顺利成长是必要的。

★ 笼统知识播种智慧的种子

大学青年教师从职业入场开始就刻意习得一种通盘的笼统知识，有助于其看到并感觉到自己的知识缺陷，有助于改变自己成为更好的教师、更好的知识使者、更好的知识传播者。哲学常识早就告诉我们，智慧把生活看成整体，意思是要发现充分的真理，就不得不探究每一个知识领域。通盘而笼统的知识让我们明智地进行教学，服务学生，理解人性。约翰·亨利·纽曼在其《大学的理念》中强调对知识的追求将"让心智远离对心智造成危害的东西"，他进一步解释说明对知识的追求还可以帮助人"摆脱在通常情况下对感官的可怕屈服"而改善人性。在这个意义上，笼统的知识有助于增进教师的智慧。

★ 笼统知识使我们成为优秀教师

实际上，拥有丰富的通盘的笼统知识的人，诸如记者、社会工作者、管理者、律师、某个活动的倡导者等，这些角色中的任何一个实际上都是老师。不仅如此，我们大部分人都要成为他人的朋友、丈夫、妻子、父母。作为朋友、配偶、父母，我们要把我们的人生知识与理解传导给他人，与其进行日常的亲密交流。其实，任何两个人在一起张嘴说话，教学活动就已经开始。态度、理念、理解、推理、总结、信息所有这些都要被表达出来，这一切都有助于改进我们教学质量的丰富性与真理性。

三、知识获取：知识影响教师的命运

★ 做一个爱书人

台湾屏东教育大学图书馆三楼入口处的左侧墙壁上贴着用毛笔书法书写的五个大字——"爱书人不坏"。这句话是台湾政治大学教育学博士、世界华文教育学会监事长、著名教育专家，曾先后担任台湾玄奘大学和屏东师范学院院长何福田先生的手迹。这句话可分为两种层面理解，一种是“爱书”使“人不坏”；另一种是“爱书人”“不坏”。总之，意思就是说爱书的人不会坏，或者不会坏到哪里去。从正向上把“书”与“人”通过“爱书”贯通起来，更把“好人”与“坏人”通过“爱书”区分开来。反过来似乎可以理解为，不爱书的人在很大程度上成为坏人的可能性很大。当然，何福田先生仅仅是从一个理念的视角说明书与人之间的一种可能存在的联系，但是，单纯从这一句话而言，并没有进一步指出要如何爱书或是怎样爱书才能使人不坏。

笔者于 2013 年 3 月 5 日 16 点在台湾屏东教育大学图书馆拍摄的照片

根据笔者这些年的读书经历观察，尤其是笔者所读到的书的作者或是历史上那些从思想上推动人类社会进步的大师级人物的治学经历来看，他们都是很尊重书籍，都是很爱书与敬书的。因为书籍有可能本身就是最终的目的，那就是在劳累之后帮助人恢复元气。当读者脑醒神提、意气风发，驰骋于幻想世界，世事纷扰皆抛脑后，这时候书籍的意义远非工具二字所能形容。它本身就成为目的，它使人神清气爽。无论是学理作品还是参考书，爱书之人在疲惫不堪的时候走近它，倒在某个伟大的作者的双臂之中，被他托举进入一个崭新的世界，在那里他忘记了伤痛，悉心调养，再返回这个世界时，精神面貌已经是焕然一新。

尊重书、爱书与敬书，是与文化的深度与活力紧密相关的。但是这些伟大的大师级人物不仅仅只是简单地做到了爱书与敬书，他们更是做到了不但是“爱书的形式”，更是做到了“爱书的内容”。美国前总统尼克松说过：“所有我认识的伟大的领导者几乎全都有一个共同的特征，那就是：他们全部都是伟大的读书者。”伟大的读书者伟大就伟大在，他们不仅做到了爱书的形式，而且做到了爱书的内容。正如中国科学院院士胡海昌说：“爱书的内容比爱书的形式更重要。”（见下图：胡海昌院士的手迹）从这个层面上讲，所有优秀的教师，都是伟大的爱书者与读书者。读书是提升教师境界的最重要的渠道。

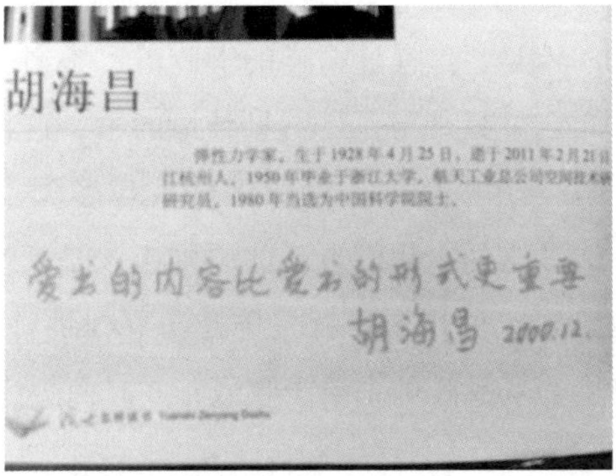

“爱书的内容比爱书的形式更重要”。胡海昌，弹性力学家，中国空间技术研究院研究员，中国科学院院士。1928 年生，浙江杭州人。1950 年毕业于浙江大学。此照片来源于《院士怎样读书》一书，侯艺兵编，上海教育出版社，2012 年

★ 做一个藏书人

一个教师的教育程度与藏书的数量成正比。读书是获得教育与提升的途径，笔者认为读书是我们这个时代提升人性的最重要、最根本的一个形式。一个人的教育程度有多高，就看他家里藏了多少书，藏的是什么书。我们的阅读水平远远落后于发达国家，所以我们的现代化进程需要很长的时间。这种状况与我们缺少读书习惯有重大关系。因为书籍是最优秀的头脑赐予我们的历史和今天的最高智慧，是远远超过我们本身的精神礼物，它把受寰宇之美激发的丰富思想与想象力的结晶赐予我们。由此，我们先要收藏好这些代表最高智慧与精神礼物的书籍。

笔者的书房，藏书 1500 册

那么，关键的一点是，选择什么样的书收藏？答案就是选择寻找自己喜欢的书，适合于自己并且是与自己一见钟情的书，这种钟情不要受社会或者某些人乃至某个人意见的左右。很多名人与名著是历史与社会的产物，但未必是你个人欣赏的。我们自己的原则应该是率性而读，且这种阅读应该带给我们自己最大的快乐，就是选择与寻找那种让你看了第一段，如果不看第二段就会当场憋死的书给予收藏，并时而想读就读。

★ 做一个寻书人

寻书人有一种独特的书店情缘。每一个爱书的人，一定有些书店，是常常令他魂牵的。某种意义上讲，进入一个大的书店就等于进入一个社会，其巨大的好处就在于免去了许多不必要的介绍与应酬，更不用胆战心惊。我们可以尽情地从那些大量的书中选择自己喜欢的伙伴，在这些不朽作品寂静的书页里，没有任何的骄傲与虚伪。在这些书中，高贵的思想为平庸卑微的人服务，而且无比谦恭。我们可以自由地同任何人对话，而丝毫不必有低人一等的顾忌。因为书是极其有教养的，它对所有人都一视同仁，它没有任何的偏见，更不会伤害任何人的感情。这样的体会笔者经常在书店里产生。位于昆明云南师范大学一二一大街校区大门口旁边的清华书屋，是笔者读本科和读硕士期间经常光顾的书店；南京大学鼓楼校区南园门口广州路上的先锋书店，都让笔者难以忘怀。在笔者攻读博士学位期间，每一次在南京大学，不管是在南京大学多长时间，总要去先锋书店走一走，逛一逛。那里的书可谓应有尽有，更为关键的是，先锋书店的氛围相当好。它的独特之处主要体现如下：一是地理位置独特，镶嵌在南京鼓楼区广州路五台山的山肚子里，成一个长方形，长有500米左右，宽有20米左右；二是书店充满浓郁的人文味道，有咖啡吧，有读书席位，有品位的音乐声萦绕；三是在书店的正中央，设置了一个区域，可以召开新书发布会或者不定期地请一些学者名人进行讲学，下面呈弧形围绕一些沙发观众座位席，很是温馨。这一些独特的特点，总会静静伫候爱书人与寻书人的光临。

南京广州路先锋书店的入口

先锋书店内景一瞥

另外，2013年3月7日，在台北西门町附近的台北最大规模的书店——诚品书店，也是笔者此生可能永远不会忘记的一个书店。2013年3月7日晚上，在工作单位组织的台湾考察之行的最后一夜，笔者无暇顾及台北的夜景，便一头钻进诚品书店4个小时，接近午夜，找到八本自己感兴趣的书，花了2400元台币。自从到台湾的第一天导游小姐说爱书的人到台湾一定要去“诚品书店”看一看，笔者便时刻记着。

笔者于2013年3月7日20点在台北最大规模的书店“诚品书店”

寻书的过程有益于知识面的拓展。寻书是一个走马观花的过程，是一个思维极其发散的过程，是一个没有特定目的的过程。而恰恰是漫无目的地逛书店，收获倒不是要刻意淘到自己非买不可要把其带回家搁置在书架上的书，而是拓展了知识面。加深了对书的触觉，并无意间培养了自己的阅读品位。这也许就是开卷有益的含义所在。

★ 做一个读书人

第一，中国人爱上学不爱读书。自古以来，中国流传一句“万般皆下品，唯有读书高”。但是这里说的“读书”背后折射出来的意蕴在于强调了中国人崇尚的是通过读书可做官的心态。“爱上学”就是“爱接受教育”，通过“接受一定的教育”获取官途。背后的本义是不爱读书。中国人素来重视教育——这应该不算一句夸大的话。不仅科举时代如此，放眼现在也是如此。每个负责任的家长无不望子成龙，望子成龙的重要途径就是上学，小学、中学到大学一路下来，最终拿到大学文凭，父母心愿得偿，于是三“学”过后尽开颜。高考时考场外那些翘首的家长充满焦虑和期望的表情就是中国人重视上学、重视升学的明证。与热衷于上学相比，国人读书量在世界排名中却很低。抄几段媒体披露的数字观察一番：据统计，国人具有阅读习惯的人只有5%，人均年读书量按地区不同只有6～10本（以本人的洞察，这个数字似亦高估），人均月读书量不到一本。在一次调查中，有61%的被调查者称“没有时间”阅读。相比之下，有些国家的读书量比我们大得多。资料显示，犹太人年均读书量为64本；当年苏联人年均读书量为55本；日本人年均读书量大约为30本。作家赵丽宏慨乎其言：“中国人今天的阅读状态，令人堪忧，我们的国民年平均读书的数量，只有欧美发达国家的几十分之一……中国是否能有一个读书节，也许无关宏旨，但是中国人对读书的态度，却事关重大。因为，一个不崇尚读书的民族，是没有希望的！”那么，学生本该爱读书吧？也不尽然。据笔者观察，不要说小学生和中学生（对他们读书生活的恰当描述是：被老师填塞了几年的教科书与考试资料），就是在校大学生的读书量也不高，而且读的除了教材、考试用书，其他书少得可怜。那么，教师总该读书很多吧？说出来让人跌破眼镜，调查显示：53%的中小学教师平均每天读书不

足半小时，有老师甚至一年不读一本书。至于大学老师，不学无术者也为数不少。❶

第二，读书的目的。读书不要以功利为目的，比如，通过读书使自己能上好一节精彩的课，或者以此成为有名的学者，或者通过读书能在聊天的时候力压他人，为了在与别人交谈中口若悬河。读书的目的，其实很简单，只要你在读一本书的过程中，书中的观点、主张与见解让你笑了，让你痛了，让你沉思了，让你有了新的想法了……就完全达到了目的。它就如同喝酒一样，只是感到陶醉就足矣，根本没有必要做出诗来。而且我们千万不能像酒鬼一样，对酒产生崇拜，如果是这样，就成了读书人的大敌。尤其是大学教师，更要注意这一点。一个读书人能否做出伟大成就，取决于他与书的正确关系。一个教师能否读好书，获得正确的知识与思想，取决于他与书的正确关系。我们必须要读书，但是却不能溺死于书海。读书的目的，这里可引用两个西方名人的两句话对我们大学青年教师进行引导。

叔本华说："读书是意味着，利用别人的头脑来取代自己的头脑。"

❶ 张建伟．爱上学不爱读书［G］//．法律稻草人［M］．北京：北京大学出版社，2011：100－101.

马克思说：“书籍是我的奴隶，应该服从我的意旨。”❶

第三，为何要读书。一是知识的不可遗传性。知识是不能遗传的，也不能赠予，更不可能复制与购买，只能靠自己一点一滴的学习积累；二是人不是生来知之。孔夫子把人的资质分作生而知之、学而知之、困而学之和困而不学四等。生而知之是圣贤的天资，学而知之则应属大师的禀赋。……大部分人都应该是困而学之，尤其是教师与学生，是最能体现困而学之的人。那怎么才能知道自己的困在哪里？《学记》说：“学，然后知不足也；教，然后知困。知不足，然后能自反也；知困，然后能自强也。故曰：教学相长也。”三是人的大脑不会自动分泌思想。正如培根所说：“读书补天然之不足，经验又补读书之不足，盖天生才干犹如自然花草，读书然后知如何修剪移接；而书中所示，如不以经验范之，则又大而无当。狡黠者鄙读书，无知者羡读书，唯明智之士用读书，然书并不能用处告人，用书之智不在书中，而在书外，全凭观察得之。”对于教师，多读、多思、多写是硬道理。

第四，读书的好处。读书可以给我们力量。这里有两层意思。一是书读多了，眼界阔了，便能找到许多同道中人，不会孤立无援。说异端，有多少人比得上苏格拉底、马克思、达尔文、弗洛伊德？但是我们知道，一部人类文明史，如果没有他们，一定得重新改写。我们受到文化与环境所

---

❶ 1856 年 4 月 11 日，马克思给女儿劳拉的一封家书中说的一句话。参见：美国成功学研究小组．一生的资本积累［M］．沈阳：沈阳出版社，2001：289.

限制，总以为生活非这样不可，非那样不行，于是小心翼翼循规蹈矩。事实并非如此。一是多读点书，我们就可以知道生活其实有许多可能性，有很多人活出不一样的精彩人生；二是书读多了，我们会慢慢增强判断力，懂得在众多观点中，分辨出孰优孰劣，并有自信择善固执。所以，在追求学问的过程中，我们要慢慢学会建立一个分析事物的理论框架，帮助自己整合不同知识。没有这样的知识框架，我们眼前所见，只会是一堆杂乱无章的东西，理不出头绪，更难以知晓现象背后的意义。思考一定要有结构，而结构的搭建，依赖理论；三是书读多了，有助于我们与人交流。正如中国科学院院士、经济地理学、人文地理学家吴传钧的观点手迹：“束书不观，游谈无根”。

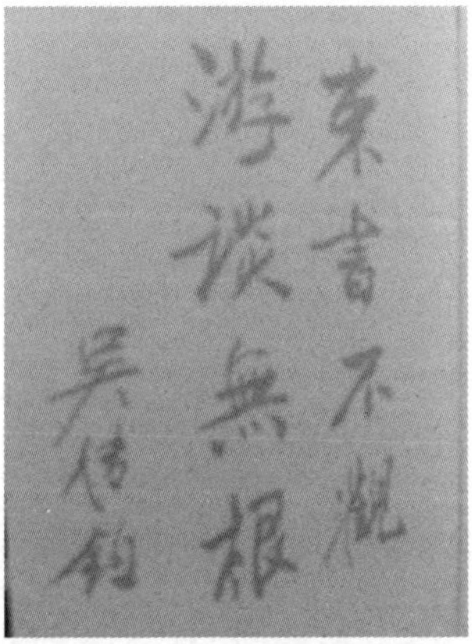

中国科学院院士、经济地理学、人文地理学家吴传钧的观点手迹“束书不观，游谈无根”

北京新东方学校创始人俞敏洪告诫大学生说，在大学时代至少要读400本以上书的大学生才算是大学毕业生。他自己在北京大学读书时代读了800多本书，跟俞敏洪是同事的王强在大学期间读了1500多本书。读书可以造就一个人的底蕴，底蕴就是读了多少书，走了多少路。底蕴的厚度决定事业的高度。

第五，怎样读书？答案是：有方法地读书。一是，热情是最合情理的方法。高尔基说：“我扑在书上，就像饥汉扑在面包上一样。”如果一个教师，尤其是大学教师，不读书的理由可以寻找很多个，但是最佳的理由是：为了思考。二是，读书需要排除功利心理。中国传统以来向往功名，读书经常引用到“黄金屋”“颜如玉”一类的话。这几句话出于宋真宗赵恒的《劝学诗》。其实要说这是诗，连基本的韵律都没有，称之为打油诗也有些勉强。

富家不用买良田，书中自有千钟粟。
安居不用架高堂，书中自有黄金屋。
出门无车毋须恨，书中有马多如簇。
娶妻无媒毋须恨，书中有女颜如玉。
男儿欲遂平生志，勤向窗前读六经。❶

鲁迅．鲁迅论人生［M］．北京：人民文学出版社，2013

这首诗表示的意思是：读书考取功名是当时人生的一条绝佳出路，考取功名后，才能得到财富和美女。用现代理念去解释，读书就是接受教育，教育是社会的一个功能，让学生掌握知识，以投身社会，服务人群。另外，读书需要有嗜好。鲁迅说，读书分两种：“职业的读书与嗜好的读书。”❷ 书籍好比食品，有些只需浅尝，有些可以吞咽，只有少数需要仔细咀嚼，慢慢品味。所以，有的书只读其中一部分，有的书只需知其梗概，而对于少数好书，则应当通读、细读、反复读。联系自己的学习经历、现

❶ 资料来源于 http：//zhidao. baidu. com/question/4031842. html.
❷ 鲁迅．鲁迅论人生［M］．北京：人民文学出版社，2013：94.

实生活、本职工作，有一种体会，就是职业读书是一种本分天职，是一种吞咽的读书，如学生为了升学而读书；大学生、技校生为就业而读书；上班族为做好本职工作而读书都是职业读书，不得不为。而作为爱好、兴趣、探究事物本源的读书，没有明确的目的，不附带任何功利，全因兴致而为的读书则是一种嗜好，是读书的一种更高境界，是一种提高和升华，可以浅尝，也可咀嚼，全无顾虑。

职业读书是一种责任，是一项任务，有利害关系，有他的功利性，是和我们生活息息相关的一种读书。可能每个人都有这样的经历，就像我们吃饭、喝水、穿衣一样，是非常平常而又必须作为的一件事。职业读书的一些典型有：为升学而读书、为就业而读书、为工作而读书。小学不如此，升不到中学；中学不如此，升不到大学；大学不如此，很难就业；就业后不如此，可能等待的是失业。这个客观事实不允许我们从主观爱好出发，而出发点、落脚点只能是需要。嵇康之《难自然好学论》：人是并不好学的，假如一个人可以不做事而又有饭吃，就随便闲游不喜欢读书了，所以现在人之好学是由于习惯和不得已。职业读书莫不如此。

关于嗜好的读书。是出于自愿、全无勉强，离开了利害关系、工作需要，就像有人喜欢饮酒、有人喜欢抽烟、有人喜欢打麻将一样平常。真正喜欢并不在于喝酒、抽烟、打麻将能带来什么，而只是一种爱好，是一种享受，麻将一张一张地摸，永远有着无穷的变化。凡嗜好的读书，能够手不释卷的原因也就是这样，每一页每一页地读，都有着深厚的趣味。嗜好读书的典范表现是：因兴趣而读书、因爱好而读书、因探寻而读书。

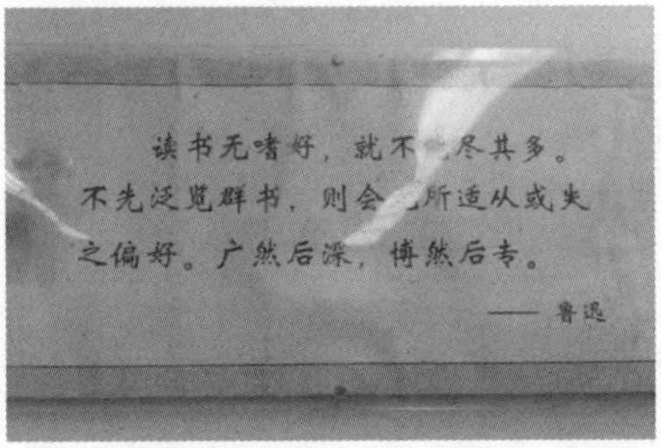

南京大学鼓楼校区图书馆二楼走廊墙壁上鲁迅的话❶

❶ 2013 年 3 月 20 日晚 21 点拍摄的照片。

笔者的读书既有“职业的读书”，也有“嗜好的读书”，此图为笔者在南京大学读博士时在宿舍读书

职业读书与嗜好读书之界线未必如泾渭一样分明，准确地分出哪是职业读书、哪是嗜好读书也未必可行。如果每个人都能把职业与嗜好很好地结合在一起，干一行爱一行，爱一行专一行，专一行学一行，还有什么苦读书？有的只有爱读书、乐读书，达到了职业与嗜好和谐统一的境界。

第六，要选择性读书。（苏）苏霍姆林斯基《给教的建议》里说道：“据估计，一个最勤奋的读者，毕其一生所能读完的书也不会超过两千本。因此，必须严格地挑选书籍，善于指导青少年怎样去读这些书。”

★ 做一个品书人

英国伟大的戏剧家莎士比亚说：“书籍是全世界的营养品。”而书籍中营养品的获得需要读书人去品尝。没有品尝，书籍中的营养品也无法摄入我们的身体。“品”在这里主要是指“思考”。“学而不思则罔，思而不学则殆。”柏拉图说：“知识是得到辩护的真信念。”❶

这里讲一讲南非前总统曼德拉的故事。他是当今社会人格最伟大的一个人。他长期被关在监狱里，在监狱里他做了两件很有意义的事情。第一件事情：在他看来，监狱是最没有人性的地方，他要改变监狱，使监狱尊重人权，尊重人性。他是怎么做的呢？面对监狱长，任何时候他都笑脸相迎。只要监狱长站在不远处，曼德拉总是用友好的姿态和和蔼的言语问候他，也不会忘记问候他的太太和孩子。一年又一年，监狱长换了多个，曼

❶ 潘天群．群体中的知识［J］．社会学家茶座，2012（3）：91.

德拉总是如此。有的监狱长也不拒绝这种问候，并且会告诉曼德拉自己太太和孩子的近况。对于狱警，曼德拉说：“我们认为，所有的人甚至监狱里的狱警，都可以改变。所以我们要尽最大努力，设法让他们改变对我们的看法。”曼德拉日益体会、体验了人类生活中的一个奥秘：应该承认，人的心灵深处都隐藏正面而又善良的人性的种子，哪怕是在表现得最为凶恶的人群里也隐藏这颗种子，只要有恰当的机缘，这颗种子就能够苏醒发芽。他做的第二件有意义的事情就是把监狱改造成“大学”。他在监狱里参加各种各样的函授学习，并鼓励狱友们同样参加这样的学习。他后来被授予剑桥大学荣誉学位，还有很多大学都授予他荣誉学位。这些都是名至实归。这就是曼德拉人性闪光的地方。对于学校而言，对于我们教师而言，曼德拉的故事是有启示意义的。[1] 我们今天的教育确实需要经典，因为教育的根基太浅。那么我们怎样打好根基？笔者认为，要增加经典对学生的感染力。

★ 做一个倾听者

教师是“言传身教”的典范。“言”，在教育过程中起着相当的作用，在传统的教育理念中，教师始终身居高位，扮演说教者的角色，学生永远是听众，只能用耳朵感知教育活动。往往出现这样的情况：一个教师能喋喋不休地说上一节课、两节课，却很少静静地听学生哪怕是十分钟的表达。教师的语言充斥了整个课堂，学生只能被迫地做个“高效录音机”。甚至这种情况还延伸到师生交往的整个空间，通常是学生出现问题，教师先是不厌其烦地询问原因，而谈话的方式是做出种种假设，学生只回答“是或不是”。之后便是苦口婆心的教诲，学生点头了，教师便认为“大功告成”。殊不知，学生这时多想用自己的语言为自己辩解，表达自己的想法和看法。在以“学生为本”的新教育理念倡导下，教师已不是绝对意义上的言说者，学生也有叙说的权利和欲望，在教育过程中，教师不仅要做一个头脑清晰的言传者，还要做一个思维敏捷的倾听者。教师的倾听具有重要的价值。

---

[1] 刘铁芳．伟大的教育者都是伟大的读书者［N］．教育时报，2009－7－22（4）．

首先，倾听能缓解学生的心理压力。许多时候，是否听父母、听长辈、听老师的话，成为判断一个孩子好与否的标准。家长、教师常挂在嘴边的是“要听话!”却很少有家长、教师倾听学生对事、对人的看法。有的学生把这些向日记“诉说”，有的则只能把它埋藏在心里，久而久之，他们的痛苦、愤怒、忧伤无法得到排解，他们的希望、梦想无法得到认可，很多学生出现心理偏差，做出一些过激的行为，甚至自暴自弃。如果家长或教师，能真诚地倾听他们的心声，帮助、理解学生，学生的意志品质及潜在力量都能得以锻炼，从而缓解学生的心理压力，促进学生心理健康。

其次，在倾听中建立心灵沟通的桥梁。在教育过程中，学生心中有不快、有委屈、有痛苦，或遇到困难、挫折时，很少主动向老师寻求帮助，因为他们断定老师不是他们的倾诉对象，不是一个倾听者。而一个善于倾听学生的教师，师生的关系是融洽的、和谐的、温馨的。

再次，在倾听中可以获得大量信息。一个学生跟老师说：“老师，我想换座位。”老师可以从中听出些什么？里面包含的内容极其丰富：他的要求——需要老师的帮助；他的情感——焦虑、不满；他与周围同学的关系——不好、对立；他处的学习环境——吵闹。作为学生，有着丰富的内心世界，关键在于教师是否愿意做一个倾听者，真诚、细心、耐心地倾听学生的诉说。

学历越高，越要有学习力，越需要倾听别人的看法与想法。沙龙是倾听别人看法与想法的最好方式。因为笔者 2012 年 11 月在曲靖师范学院教师教学发展中心组织的第一次博士沙龙

四、知识整合：服务学生的系统能力

★ 传承基本知识的能力

大学是知识文化机构，社会对大学的需求超过了它们做出反应的能力，在知识社会，知识的操作方式日趋多样化。在这种局面下，社会的发展要求大学的竞争回归自我，要求大学对自身的竞争战略与时间进行反思。而回归自我也就是要求大学能从自身最核心的元素——知识——出发，获取和提升竞争力。[1] 而以知识的选择、获取、应用和创新为首要活动的大学组织面临知识如何传承与传播的问题，这一问题关乎大学履行教学活动与学术活动职责的施教主体的知识传承能力。大学教师的“教育实践活动不是一种纯粹的自然过程，而是一种社会文化过程”。[2] 作为一种社会文化过程，大学教师教育实践活动的构建和展开，与教师对于相关基本知识的获得与理解分不开。基本知识是指既有技能意义上的知识，又有了解意义上的知识和理性知识。知识的获得是大学教师对新知识经过积学这一过程后逐步形成，并通过外化和内化双向建构建构对知识对象的认识，求得知识。“求知是所有人的本性”，[3] 大学教师更应强化这种本性，获得对基本知识的理解与掌握。在逻辑上，对基本知识的理解是开展教育实践活动的一个前提。在具体的教育生活中，大学教师的教育行为也是基于他们对相关基本知识的理解，不管这种理解是专业性的还是通识性的，都关乎大学教师传承基本知识能力的大小。通常情况下，大学教师如果理解相关的基本知识，他们就符合开展相应的教育行为，同时也就表现出一定的传承能力。理解基本知识与传承基本知识的能力是评价一个大学教师教育行为是否恰当的根据或标准。否则，大学教师的能力存在与生活方式就会失去基本的正当性。在这个意义上，大学教师传承基本知识的能力为其开展正常的大学教育实践活动提供一个最基本且最关键的入口。

---

[1] 毛亚庆，吴合文．论我国大学竞争的知识逻辑［J］，高等教育研究，2007，(12)：29.

[2] 石中英．教育学研究中的概念分析［J］，北京师范大学学报（社会科学版本），2009，(3)：29.

[3] 亚里士多德．形而上学［M］．苗力田，译．北京：中国人民大学出版杜，2003：1.

★ 弘扬主流知识的能力

由于当今社会的发展已从知识贫乏的时代转换到知识过剩的时代，对大学组织形成的挑战就是如何从不重要的知识中清理出重要的知识，并创造性地加以弘扬，这也是认识机能的有限性与知识的无限性之间的矛盾所决定的。在当今时代，我们可以清楚地看到融于一所大学中的知识智能化的利用，已经演变成影响大学命运的主要元素，开始成为大学取得成功的关键要素。事实上，任何一所大学在教学活动与学术活动的教育实践过程中，每天都在整理知识并加以弘扬，并把这些整理出来的主流知识融合进大学自身的价值、战略和经验之中。而这关键取决于主流知识弘扬主体的能力。作为一个大学教师，受到社会的委托与制度的安排去引导年轻的就学个体，因此，大学教师的任务就是传播那些有利于年轻的就学个体以及有利于社会发展的东西。然而大学教师对“传播什么知识”的困惑，主要来自对知识无边界的困惑——是传播教材还是用教材传播、是传播受益终身的知识还是急功近利的知识。笔者认为，大学里已选定的知识（教材）作为弘扬主流知识的载体，并非要给就学个体全部的知识，它只是一个媒介或载体或线索，为大学教师弘扬知识的过程提供一个参考素材（教学时可以使用，也可以不使用或用更好的材料），大学教师在弘扬知识的过程中要能善用这些素材、开发更多的知识资源，将对主流知识的合理的见解或正确的洞见以契合就学个体认知水平的方式有效地传授出去。由此，大学教师弘扬主流知识的能力应该是融合于大学发展过程中的一种洞察力，就大学发展而言，是培育、共享和弘扬自身知识储备的一种能力，也就是对存在于大学中的知识与技能进行有效捕捉与筛选的能力，以使这些知识和技能的传播能够帮助大学自身以及就学个体实现效益的最优化与最大化。

★ 整合系统知识的能力

大学教师传承基本知识与弘扬主流知识的过程是一个理解知识、思考知识、内化知识、创造知识的过程，是搜集、分配、重新利用和测量已经选定的知识和已经被编码的知识的过程，笔者把这个过程叫作整合过程。一个大学教师不仅是一个知识传承弘扬者，更重要的是成为一个知识的思想者。再渊博的知识传承弘扬者也仍然是个知识“贩子”；而再浅薄的知识思想者，终归是知识的“主人”。凡是内化整合了知识的大学教师，他的知识传承弘扬过程就会有吸引力、感染力、震撼力，就会取得好的传播效果。当大学教师的人格、生命、心灵与他所传播弘扬的知识整合成一个整体，到了这种境界，教师就是知识，知识就是教师。在知识的传承弘扬过程中已分不清是教师在吸引就学个体，还是知识在吸引就学个体。就学个体也说不清这样的老师讲的知识到底什么地方讲得好，是讲的内容好，还是方法好，是口才好，还是手势好，因为这种好是整合性的。因此，这就要求大学教师在传承基本知识与弘扬主流知识上强调整合能力。因为日常的大学教育实践活动是程序化和条文化的，教师要做什么和怎样去做都是程序化与条文化的，系统、严密的、已选定的课程体系和结构化、模式化的知识传承与弘扬是标准化教育工作过程的表征。作为一种控制形式，标准化要求大学教师在教学活动与学术活动中输出相同的知识和达到一样的教育绩效。这取决于大学教师的整合能力，把有形知识与无形知识整合起来，把二者深置于大学教师个体的行动和经验之中，整合于教学活动与学术活动过程中非正式的、难以明确表达的技能、技巧、经验和诀窍之中，整合于教书育人的直觉、灵感、洞察力、信念、价值观和心智模式之中。进而相对完善地把知识系统地传承与弘扬出去，在教师个体与就学个体之间通过相互的交流、对话、讨论、分析，使教师个体与就学个体的心智模式和技能转化为双方共同的术语和概念，教师与就学个体都享有共同的心智模式的同时，促进师生双方对自己心智模式的反思，从而达成对知识的共同理解。这是大学教师核心能力的最完美体现。

五、知识类型：拥有引领学生进步的全套知识

★ 事实性知识

事实性知识又叫事实，是一种重要的知识类型，安德森等人认为是指学习者通晓一门学科或解决其中的问题所必须知道的基本要素。伊根等人认为事实性知识是一种单独出现的、存在于过去和当前的、不具有预测价值并且只能通过观察过程而获得的内容类型。从这两个定义可以发现事实

性知识有以下这些特点。一是事实性知识的点滴性或孤立性。比如，在回答“皖”是我国哪个省份的简称时，只需回答是安徽省的简称，而不需要知道安徽为什么简称“皖”、安徽的地理位置、民俗风情、土特产等方面的信息，因而这条属于点滴性的事实性知识。二是这种知识的抽象概括水平较低。如学生能陈述“1840 年鸦片战争爆发”，即证明他掌握了一条历史方面的事实性知识。三是事实性知识的基础性。如儿童习得自家养的宠物狗及邻居家养的宠物狗的一些事实，才有可能形成“狗”的概念。

★ 概念性知识

概念性知识是一种较为抽象概括的、有组织的知识性类型。各门学科中的概念、原理、理论都属于这类知识。概念性知识的特点是抽象概括性和组织性。如儿童第一次见到某只猫，知道这只猫有耳朵，嘴巴旁边长有胡须，有四条腿，会喵喵叫。这些特征对所有猫来说是共同具有的，儿童此时的认识就超越了单个猫的特征而有了一定的概括性，也可以说，儿童形成了有关猫的概念性知识。又如，“经常进行体育锻炼的人心率较慢”描述不是我们认识的单个人的情况，但我们能够理解他们心率通常较常人慢的特点。这种知识具有一定的概括性，也属于概念性知识。猫的概念还与宠物、老鼠、动物等概念密切联系，按一定结构组织起来的就属于概念性知识。

★ 方法性知识

方法性知识又叫策略性知识，或者简称策略。方法性知识就是学习者用以支配自己的心智加工过程的程序性知识。是指如何学习、记忆或解决问题的一般方法，包括应用策略进行自我监控的方法。方法性知识也是一种程序性知识，方法知识所处理的对象是个人自身的认知活动，是对内的。它体现学习者处理内部世界的能力，体现个体自我控制与调节的能力。方法性知识是个人调控自己的认识活动以提高认知操作水平的能力，是关于如何运用陈述性知识和程序性知识学习、记忆或解决问题的一般方法的知识。如学习时如何有效记忆，上课时如何集中注意力。传统教学重视陈述性知识和程序性知识的教学，当代教育的发展趋势则表现为更加重视方法性知识的教学。教师要不断探索学生学习方法性知识的内在规律，有意识地通过策略性知识的教学，培养学生自主学习的能力以及创造力。从这一点上看，如果大学教师生产的知识是陈旧僵化迂腐的知识，那培养出来的大学生也将是循规蹈矩的。

六、知识选择：选择知识的基本原则

★ 科学性原则

大学教师秉承什么样的立场或原则，选择什么样的知识进行传递，是文明传递与育人的重要活动。科学性原则是具有普适性特征的原则之一。科学性指科学作为一个现成的知识、方法与技术的体系，是高等教育中教学内容的主导来源，具体包含下面三个方面内容：第一，是指它的客观、求实、开放、平等的方法、精神与态度，即坚持用自然的观点解释自然的思想方法，容忍错误、反对武断而又不断尝试的精神以及开放、平等的态度。总之，客观理智的方法、精神与态度是高等教育中教学内容取舍的指导与依据。第二，表现为尊重传统与经验的态度。高等教育中教学内容选择及课程的主次、先后、比例的安排等行为，很多是经验、传统的沿袭，并非是严格的科学方案或程序，即便本身已属科学的内容，但进入课程和教学也会因为师生因素的非均质性而产生效果上的多变性与不确定性。因此，科学性原则表达了高等教育对自身具有非科学、非严密性一面的清醒认识，以及对科学内容由此可能导致效果变形情况的清醒认识。这里更需要强调的是，科学很重要，但科学也并非是万能的。据此，对非严密科学的学科内容及其安排需要采用适当容忍与尊重传统的方法。高等教育中教学内容的选择，完全采用中国式的知识不行，当然，完全采用西方式的知识也不行。在没有充分依据或没有相应的科学内容替代的前提下，尊重经验与传统是无奈但也不是最糟糕的选择。第三，科学性是指不断尝试的态度。大学教育中教学内容是不断变化的，在信息与科学高度发达的今天，更是高度密切的。西方古代的“七艺”与中国古代的“六艺”演变到今天并非是一成不变的。即便是基本原理，永恒化、绝对化、统一化的课程设计与传授也行不通。据此，大学教育中的教学内容需要在依照科学一般方法论的基础上，以不断尝试的态度不断选择与推进。这既是大学具有对知识的生产、批判、传播与应用这一系统功能的体现，也是大学在内容选择及培养人才方面能够领先市场甚至创造市场的体现。

★ 前沿性原则

大学的特性有公共理性、高深性、广博性、专业性、超越性。这些特性决定大学教学内容必须具有前沿性。前沿性原则折射的是当今时代是一个科学与知识飞速发展的时代。处于这样一个时代中的大学，不仅需要保存与传播知识文化，更要创造与传播知识文化。换言之，今天的大学不再是单纯的传统高级文化的卫道士，而是时代新知识与新文化的开拓者。前沿性的含义是，第一，大学教学内容的选择和传授需要以教学内容来源的最新认识形态与水平为标准。如此，才能使大学教师与大学生所传递与接受的知识不会贬值或淘汰，也才能彰显大学的社会责任与历史使命；第二，大学教学内容的选择要以市场上最新运用的知识与技术为相对标准。即便不能以系统与完善的课程及其教材的形式体现前沿性，大学教师也应该在课堂教学中通过介绍、讨论等动态方法向知识的前沿拓展，即便不能以核心课程或必修课程的形式实现前沿性，也应该以选修课、自选课的形式实现。同时，核心课程或必修课程本身也有一个需要及时趋向前沿性的问题。

★ 适宜性原则

适宜性原则指的是大学教育中教学内容的选择，需要根据民主化社会把高等教育作为国民普遍权利的现实，需要尽可能地依据众多学者智能与智力倾向的多样性，而不能仅仅依据匀质化的统一的精英标准。换句话说，以前的高等教育主要是就学者适应僵化不变的教学内容，而今天则是模式的转换，以及就学者学习角色的转换。就高等教育史而言，适宜性原则恰恰是民主化的程度、高等教育精英化传统较弱的国家首先表现出这一点，如设置广泛多样化的学科内容并且学生可自由选择。适宜性原则在本质上实际上就是因材施教原则，它反映了当代大学教育的基本特性，即为学习者服务，并且为其多样化发展服务。不再单一强调古典课程与知识的至上地位，也不再狭隘地强调学术课程的至上地位，不再强调升学目标的至上地位，也不再突出精英培养目标的至上地位。不再把大学教育看作是一种单一标准、单一性质、单一功能、单一模式，并且是高人一等的价值载体，不再只是让人们去适应、服从的趣味与标准。相反，适宜性原则强调的是人的丰富多彩以及人的偏好性，承认个人差异的多元性发展和个人全面发展一样重要。适宜性原则承认的是当今大学教育中教学内容的多样化及其价值共性，折射了基于服务目标的多样化及其价值平等性，尽管这要以科学性为底线。

七、知识传递：深具人性关怀的传授

★ 用人格力量与学识素养感召学生

首先，教师不仅仅是完成传递人类文明的任务，还应该用自己的人格力量与文化素养去感召学生、感染学生。不是要求学生尊重自己，而是先让自己成为学生的偶像，赢得学生的尊敬。不是用严格控制或批评惩罚去征服学生的注意力，而是了解所教学生的心理需求，设法用你的魅力，用凝聚在教师身上的对真理的敬畏、对善良的信仰以及高贵的气质、得体的语言、丰沛的激情、良好的幽默与真正地对生命的关怀吸引并指引每一个学生。在知识传递过程中，教师良好的语言是吸引学生的关键力量。其次，教师外表能说明许多东西。衣着要整洁，不要不修边幅，要修饰好装束，声音要悦耳，不要刺耳，要和谐。声音要掌握得使每个学生听得都很自然，咬字要清晰，不要吐字含混。讲得不要太快也不要太慢。所有这些虽然都是老生常谈，但却常常被教师忽视。还有，不要把手插在兜里，这会让学生觉得很懒散。要避免令学生讨厌的矫揉造作，它会分散听众的注意力。不要迟钝，不要重复自己说过的话，讲话不要冗长。

★ 才华是知识传递的基础

笔者坚信，大学教师都是在某方面有才华的人。这种才华是大学教师的资本，是做好知识传递的基础。对于刚刚入职的青年大学教师来讲，必须处理好以下两方面的关系。

第一，处理好才华与文化的关系。大学教师群体中，不乏博士、硕士，是不是有了高学历就一定有才华？不一定。有的教师是高学历低能力，有的是低学历高能力。对于大学教师而言，倡导的是既要有高学历，又要有高能力。能力是个实践的过程，只有把自己的能力运作好，高学历才能充分体现出来。有的大学教师能力高学历低，实践中往往感到书到用时方恨少，这是因为缺乏基础知识，没有可供运用的信息量与充足的基础知识，能力展现时常常遇到困难。学历高能力低的教师，因为对事物的洞察力、敏感力、归纳力、表达力与创新力先天不足，因而在实践中不能充分体现其高学历的优势，不能充分展示其基础知识。据此，我们应该充分认识才华与学历是前提和基础的关系，不管哪一种情况，一定要加强后天的修养，这样才能各得其所地发挥自己的才华。

第二，处理好才华与人品的关系。人品是才华的载体，一个品格高尚的人，他的才华能够得到充分发挥，并且能够得到其他人的接纳。有些教师就用自己的软实力——高尚的人品感染学生，很好地做到了育人教书。一个人人品不纯正，对社会的黑暗面不能排斥，而且一味追求利益的最大化肯定是不能成功的，才华反而成为害人害己的东西。在大学教师队伍中，有个别人，是有才华但是没有用在育人上，而是用在拉关系、走仕途上。这就导致才华与人格的不对应，教师的人格应该是一种愿意服务于学生的人格，而不应该是学而优则仕的人格。

★ 在教室里的全能思维

思维是心理活动过程的组成部分，认识、情感、意志等非智力因素心理过程，影响人的大脑对客观现实的反映。教师在教室里的思维是一种教育思维，是能够体现教师职业特征的思维，实现人才培养目的的思维。也就是全方位地通过教室平台服务于学生的多元化思维。具有以下特征。

全面性。全面性就是指大学教师看问题不片面，能从不同的角度整体地看待事物。这是教师全能思维的宝贵特征。

独创性。教师在教室中的全能思维在思路的探索上、思维的方法上与思维的结论上，能够揭示知识的本质特征与事物之间的关系，从已有的知识中提出怀疑，发表自己新的一轮看法，提供新的创造性思路。全能性思维不满足平常已有的知识与经验，往往是对现成思维的批判，进而在知识领域与人才培养方面开辟新思路。

机智性。机智性思维不局限于某种固定的思维模式程序与方法，不简单地用静态去推导动态，而是静中有动。它既独立于他人的思维框架，又独立于自己以往的思维架构，是一种灵活的开创性思维活动，常常表现为自己灵感等非规范性的思维活动，具有很大的随机性，因时因地因事而异。教师，尤其是大学教师需具备这样的思维。

八、知识与技能：难以获得的武器吗?

★ 容易成为有知识无能力的教师

知识与能力这对既统一又矛盾的问题，是大学教师在“有知识”与“传知识”上必须经常思考的一对问题。有了知识不一定就会传递知识。传递知识的能力就显得很重要。能力是指人的综合素质在现实行动中表现出来的实际本领与能量。也就是说，知识仅仅是信息而已，而真正的能力却是一种洞察力。一个大字不识的农村老太太可能看问题很深刻，一个读书万卷的人可能分析问题很肤浅。这是大学教师应该注意的一个难题。正是因为有这样一个难题存在，才在某种程度上导致知识与技能的掌握较难，但我们如果遵循前述所说的能处理好知识与技能的关系，那么，循序渐进地提升自己的知识与技能就不成问题。

★ 容易成为教书而不读书的教师

教师要有能力，这个是毋庸置疑的。教师能力的基石是学识素养。具备前述所说的能力，不可能是无源之水与无本之木。一定是源于严格的科学训练、持续的学习进修。只有完备的知识结构与科学的工作方法，包括政治、经济、法律、社会、文化、艺术、历史、地理、认识论、方法论、系统论、管理学等知识，才能最大程度地保证育人目的的实现与潜力的发挥。然而，对当前大学教师的读书问题有一个深深的忧虑——现在的大学教师为什么很少读书？大学教师怎么能不读书？更令人费解的是，那些教学名师与学科带头人竟然也不读书！不读书是成不了“人师”与“导师”的，难怪当今中国教育界高层次的教育家型教师可谓凤毛麟角。教师要多读书的理由在于：一位教师要成为好教师与优秀教师，仅仅满足于大学或者学生时代读过的书是不够的，必须再读书，刻苦阅读，阅读是优秀教师无法跳过的“坎”。至今还没有一位教师，不刻苦阅读，就轻轻松松成为优秀教师的。然而，在世俗的现实世界里，一部分教师却认为读书虽然靠近真理，却远离社会世俗，这在一定程度上使知识与技能的获得成为某些教师的难题。然而，教师务必切记：读书是成为好教师与优秀教师绕不过去的坎。

本章小结

知识与技能：难以获得的武器吗？回答是否定的。

“知识”层面的问题是强调教师“教什么知识”的问题，“技能”层面的问题强调的是教师“怎么教知识”的问题。作为大学青年教师，从职业入场开始就必须同时从这两个层面发展自己。“教什么知识”绝不是一个简单回答教什么具体知识的问题，而是一个回答“什么知识更有价值”的问题。它也不仅仅是在具体知识之间进行价值对比的问题，而是从一个总体认识知识的性质与价值的问题。

第七章

对象，产品——范畴的区分

教育的本质，其实是要将人由一种状态，带到另一种状态，另一种更完美、更理想、更成熟的状态。而在走向这种状态之前，首先需要我们搞清楚人是教育对象还是教育产品。

一、教育：一种对学习的服务活动

★ 教育的第一本质不是培养

对什么是“教育对象”与什么是“教育产品”这两个问题的认识与回答，前提在于搞清楚“教育是什么?”这个问题是一个至今仍然没有定论也似乎永远不会有定论的问题。从教育学界已有的一些在大部分场合与流传甚广的相关教材中得知，人们较为普遍的看法是“教育是一种培养人的活动”，或者说“教育是一种有计划、有组织、有系统、有目的地培养人的活动”……诸如类似的定义具有一种很强的预期性、统摄性，被所谓的教育学通识性教育学教材所普遍采用，但是“培养”这个词语本身就是一个不断需要修正与界定的概念，它的基本含义就是用“教育”界定的。《现代汉语词典》中对“培养”的解释是：“按照一定的目的长期地教育和训练，使成长。”用“培养”说明“教育”与用“教育”来界定“培养”一样，是一种循环界定。如在学校教育中，学生因为做错了题目被老师罚做20遍，作为老师还振振有词地说，要“培养”其细心。假如有学生犯了某种错误，有很多老师采取了一些措施并随时在叫喊，这是“培养”良好习惯。这些是“培养”吗？是“教育”吗？从培养者或教育者的主观意图出发，似乎不能判断教师的某些行为有错，也不能说明教师没有在施展“教育”。但是细细思量这样的“教育行为”，就可以找出其中的问题所在——上述这些所谓得到很多人采用的教育的定义，其定义的基本立场都是从教育者出发的，是从教育者的主观意图出发的，免不了带有教育者的随意性，把一些不恰当的行为或原本不属于教育的行为也称为“教育”。[1] 教育的本质元素里，当然包含“教育者”这个教育三大要素之一的主观意图，也一定包含“培养”的含义，但是从教育者的主观意图立场界定的教育内涵，其根本内涵或者说第一本质不是“培养”。这样的教育本质界定立场是一种“居高临下”或者“单向维度”的立场。

在中国当代教育学学者群体中，江苏省教育科学研究院魏所康先生在《培养模式论》中对教育本质进行重新审视，笔者对此产生强烈共鸣

★ 教育的第一本质是服务

对教育本质的思考与界定需要转换立场与视角，或者说需要转换立足点。众所周知，教育的核心活动是“教学”。“教学”这个词语由“教”

---

[1] 魏所康．培养模式论［M］．南京：东南大学出版社，2004：174.

与“学”构成，从教育活动的常规层面看，一般先有“教”后有“学”，先出现的“教的行为”是为了引导与推动后出现的“学的行为”，前者是为后者服务的。也就是说，“教的行为”的发出者是教育者，“学的行为”的发出者是学习者，教育者是“服务者”，学习者是“被服务者”。对教育本质的探讨不应该从“教育者或服务者”的立场出发，应该从“被服务者”的立场出发，由此，可以重新对教育的第一本质做出界定与探讨，即从“学习”“学习者”或“被服务者”的基本概念出发，描述教育活动的本质或教育活动的质的规定性。因此，可以回答“教育是什么”的问题了——描述性定义是，教育是一种对学习的引导与服务活动。规定性定义是，教育就是对学习的服务。

二、学生：教育服务的对象

★ 对教育服务对象扭曲化的纠正

长期以来，在教育活动中习惯把学生看作是“受教育者”，“受教育者”含有被动、使动、受动的含义。在实际教育活动中，“受教育者”一词衍生出“被管理者”“被管教者”“被教化者”“被教训者”等含义，与之相对的“教育者”就延生出“管理者”“管教者”“教化者”“教训者”。这就导致“教育者”与“被教育者”之间的主客体关系，扭曲了教育者与被教育者的关系。正如联合国教科文组织在《学会生存》一书中，那段含义深刻的话是：“在训化教育的实践中，教育工作者总是受教育者的教育者。在解放教育的实践中，教育工作者作为受教育者的教育者必须‘死去’，以便作为受教育者的受教育者重新‘诞生’。同时，他还必须向受教育者建议：他应作为教育者的受教育者而‘死去’，以便作为教育者的教育者而‘重生’。”[1]

这段不好理解的话，应该是要教师改变长期形成的“作为受教育者的教育者”的形象，即传统的权威式的知识传授者的形象，树立启发、诱

---

[1] 联合国教科文组织国际教育发展委员会．学会生存——教育世界的今天和明天［M］．北京：教育科学出版社，2000：176.

导、服务者的新形象，并通过教师的形象改变与角色转换，促进学生改变长期形成的“作为教育者的受教育者”形象，即传统的被动客体与知识容器的形象，树立彰显主体要求的新形象，真正成为学习的主人、发展的主人。

在本书中，编委会的专家用一段绕口令式的句子对“扭曲的教育者与受教育者的关系”进行了批判

★ 教育服务的对象就是学习的主人

教育服务的对象是什么？答案毋庸置疑：学生。何谓对象？对象就是“行动或思考时作为目标的人或事物”。学生是教师在开展教育活动中进行行动或思考时作为根本目标的人。教师的行动或思考不能背离或游离作为服务目标的学生。学生是学习活动的主体。教师的活动是一种通过课程促进学生发展并令其愉悦的特殊的精神性服务。这种服务体现为三方面的含义：一是这种服务的宗旨是为学生带来愉悦。因其属于精神性服务，故其愉悦也是由精神性产品引发的，所有对学生精神上或心灵上的折磨，不论折磨是否出于良好动机，都是违背道德的，也是违背教育服务宗旨的。二是教师所提供的教育服务的功能是促进学生的发展。无疑，学校承担者诸多社会职能，但是，学校不直接贡献于社会或社会的其他子系统，学校服务于学生从而间接服务于社会。这并不是学校推卸其社会责任，而是因为任何一个社会部门都有其专长，每个部门分工不一样，教育虽然承担着国家、社会乃至家庭赋予的特殊使命，可是学校领受教育的职责，也必然是关注学生本身。三是大学和教师以课程（知识）为主要产品服务于学生。大学促进学生发展，而学生的发展对其本人和社会的价值却是难以准确估量的。更确切地说，大学即使执行有计划的教育方案，可大学毕竟只是学生一生中的一段经历，夸大这段经历的作用是缺乏依据的。因而几乎无法在理性所及的范围内评估一个人的发展对本人及社会的价值，即使可以对价值做出衡量，对其发展的水平也难以准确测定，有时候越是严格的测定，越将侵犯学生本人发展的自由。将学生视为学校的产品并对其质量进行测量是徒劳的，也将不利于一所大学效率的提升。那种把学生提高的程度作为产品的观点，往往导致把学生工具化的后果。

★ 学生成就大学

尤其是出类拔萃的学生更能成就一所大学。耶鲁大学的校长在开学典礼上说道："耶鲁是什么？你们在座的就是耶鲁。"大学必须重视自己的学生，尤其是本科生。当今中国高等教育质量低下的原因主要是因为本科教育质量的低下导致的。具体原因有三：一是高等教育的大规模扩招导致规模与质量之间必然出现不协调的困局；二是强调快速生产论文的机制与周期性长、创新性强的科学文化生产之间的矛盾影响人才培养的质量；三是本科生普遍缺乏较好的科技基础。要知道，强大的本科生教育是建设高等教育强国的基础工程。从这一点看，学生成就大学或本科生成就大学是办学治校中的一个十足本分的问题。

★ 大学教师的最高责任是帮助大学生培养自我

大学生是大学机构中最重要的部分，也是最有趣的部分。大学生有趣，是因为他们聪明伶俐。但是，这种有趣是夹杂一种幼稚的有趣和一种缺乏理想主义的有趣。大学青年教师从一开始就应该帮助大学生克服幼稚，建立良好的学习动机。何谓学习动机？从下面这个故事中可以回答这个问题。

1960 年，哈佛大学商学院对学院的 1520 名学生进行了一个关于学习动机的调查，调查的问题是：你到哈佛商学院读书究竟是为了赚钱还是为了你心目中的理想？1520 名学生中，有 1245 人选择的答案是"为了赚钱”，占81.9%，255人选择的答案是“为了心目中的理想”。20年后，人们对1520名学生做了跟踪调查，其调查结果让我们大吃一惊。1520名学生中，有101位成为百万、千万与亿万富翁，101人中的其中100名，当时选择的答案是为了理想而进哈佛商学院的。而仅仅有1人选择为了赚钱，到后来真的也赚钱了。这其中的道理是什么？如果没有理想而去学习，就会感到学习的困难与苦痛。因此，大学青年教师从职业入场之时，就要树立一种培养学生理想主义的教育观。理想主义是一种深藏于人身上的精神源泉，大学青年教师要带领大学生，随时审问自己，到底是不是一个理想主义者。有理想主义的人往往能充分并合理地认识自己，想方设法去寻找一个健康的“自我”。正如魏书生在他的《给青年教师的建议》中说的："当老师要牢牢地树立为学生服务的思想。"❶ 为学生服务就是引领学生树立适合的理想。

魏书生用简洁朴实的语言给青年教师提出了一系列的建议

三、课程：教育生产的产品

★ 课程是服务于学生的产品

教育生产的产品是什么？答案：课程（或者知识）。大学教育服务的

---

❶ 魏书生．给青年教师的建议［M］．北京：北京大学出版社，2007：64.

产品不是学生！把学生当作产品有两个误区：A. 如果是，就不能把教育理解成是一种服务，而把教育等同于制造业！制造业生产有型产品。服务业生产意识产品。B. 如果学生是产品，那万一出了“次品”，由谁来赔偿？赔偿给谁？难道学校还要按照相关规定召回“次品”？这个行不通。因此，学生不是大学教育服务的产品。学生仅仅是大学教育这种特殊服务的特殊对象。教育服务的产品究竟是什么？是课程。大学就是通过提供与创造课程（优质课程与精品课程）这种精神性产品服务于学生的成长与发展的。这种产品类似于饭店里的饭菜一样，要符合国家相关规定与要求，且有鲜明特色。一所大学的课程产品应是独有的。真正的高水平大学与有特色的大学就是形成本校课程产品体系的大学。从这个角度讲，大学校长的办学治校，很大程度上就是引领大学教师为学生创造与开发一系列科学而丰富优质的“显性课程”与“隐性课程”，让大学生在这些富有营养的课程产品体系中吃得好、喝得好，顺利健康地塑造大学生的身心与发展。正如张楚廷先生说：“一所学校就是一部大型的‘教科书’，它是随时随地可供学生‘阅读’的，就看这部教科书的丰富程度如何，组织结构如何，它是否便于‘阅读’，它是否赏心悦目，是否便于感受、便于领悟。谁来写这部‘教科书’？学校里从校长到教职工的每个人。好的校长就会成为这部好的教科书的一位好主编。”❶

★ 什么样的产品最有价值

知识产品的问题本质上就是教育的三大要素之一的“教育内容”的问题。“教育内容是教育活动中传授给学生的知识技能、思想观点、行为习惯等的总和”。❷ 从广义上讲，凡是可以对学生产生影响的都可以作为教育内容。这里主要强调的知识产品是大学教师在教育教学活动中的显性层面的教育内容，即学科专业里面的具体元素——课程。教育内容的概念清楚之后，接下来大学教师要进一步追问的问题是：什么样的教育内容或课程最有价值？围绕这个问题的探索，要从四个层面来回答——要素主义知识

---

❶ 张楚廷．教育基本原理——一种基于公理的教育学［M］．长沙：湖南师范大学出版社，2009：251.

❷ 阳谦．教育原理［M］．北京：科学出版社，2012：128.

课程、百科全书主义知识课程、综合技术知识课程、实用主义知识课程。从要素主义知识课程视角出发，最有价值的知识课程应该是那些代表人类文化文明遗产的最宝贵的知识精华，即挑选知识海洋中的那些精华元素；从百科全书主义知识课程视角出发，最有价值的知识课程应该是那些理性知识，并有实际用处的综合理性知识；从综合技术知识课程的视角出发，最有价值的知识课程应该是那些能够与生产生活实践紧密联系的理论知识；从实用主义知识课程视角出发，最有价值的知识课程应该是经验性知识和实践性知识。这四类知识课程的划分，简单来讲，可以合并为两大类。一是理性主义知识课程论（要素主义知识课程、百科全书主义知识课程），其特点主要是：侧重理性知识、学术性知识，强调来自间接经验的知识，强调“是什么”“为什么”的“解释性知识”。二是经验主义知识课程（综合主义知识课程与是实用主义知识课程），其特点是强调感性知识，强调来自直接经验的知识，强调“怎么教”与“怎么做”的应用性知识。总之，判断知识是否有价值，或者是在什么时候知识是最有价值，需要具体问题具体分析。前述四种知识课程的划分或者两大类知识课程的划分，最终的价值指向都在于“通过知识培育人”。其最终的价值都在于“培养什么样的人”或是“培养如何理解知识与如何运用知识的人”。从这一点来讲，“什么知识产品最有价值”的问题落实于人才培育上，主要定位为“学术定向的人才培养”和“职业定向的人才培养”两大方面。学术定向的人才培养是使学生对一个科目或一组科目有更深刻的理解，特别是让他可为进一步接受同级别或更高级别的教育做准备为主要目的。职业定向的人才培养是以使学生获得在某一个特定职业或某类职业所需要的实用技术、专门技能、态度和认识为主要目的。如果知识课程产品达到这样的人才培育目的，知识课程产品就是最有价值的。

★ 如何组织与提供产品

与“什么样的知识产品最有价值”密切相关的另外两个问题是“怎样组织知识产品”和“怎样提供知识产品”。这个是方法论的问题。这个方法论有两个层面的问题，一个是国家政府和学校管理层面如何保障教育知识与学校知识产品的提供；另一个是特定的教师如何组织与提供知识产品。这里主要探讨后者，不探讨前者。第一，培植教师的课程意识。即首先要考虑的还不是如何有效教学，而是带给学生什么样的教育经验？包括什么样的知识最有价值？什么样的主题最值得探索？教师课程意识的确立，首先有赖于教师在课程创生中地位和作用的认识。教师是课程的建构者，这样的课程强调和突出学习者作为主体的角色以及在课程中的体验，它注重从学习者的角度出发和设计。教师不仅是课程的开发者和实施者，其自身就是一种课程资源。第二，认真备课。备教材、备学法、备教法。第三，让教师的讲解扮靓课堂。讲解是教师运用说明、分析、归纳（概括）、论证、阐释等手段讲授学习内容的教学方法，是课堂教学中教师作为学生知识建构的促进者最重要的体现形式之一。在任何课程的教学中，教师讲解是必不可少的。教师要处理好“讲什么”和“怎么讲”的关系。

作者宋德发，《如何走上大学讲台——青年教师提高讲课能力的途径与方法研究》。该书结合作者大学教师的成长之路，探寻青年老师走上讲台之前应该具有的态度和观念，以及可以做的一些前期准备工作，包括采访名师、模仿（研究）名师；围绕教学做科研；用心写出有个性的讲稿并不断地磨课等。作者借此表达对讲课的一种态度

★ 从“八大碗”到“自助餐”

中国人有请客吃饭的传统，特别是在家里请客吃饭的时候，有端上“八大碗”的习俗，主人热情款待客人，不管客人是否喜欢“八大碗”。“八大碗”是说菜肴全面、齐全、丰富。任何一种美食，可能每个人都有

各自的见解与评价，然而，笔者认为品评一种美食，首先应该是吃文化，然后是吃技艺，最后才是吃味道。一种食品，如果没有文化做支撑，那它只能是一种果腹的食物，绝对称不上美食。从中国具体的教育实际来看，不管是基础教育还是高等教育，学生面对课程知识产品的选择面很狭窄，主要实行的是“八大碗”式的知识产品提供方法。有的国家和地区喜欢请客吃“自助餐”，客人要吃什么让他自己选择。“自助餐”说的是一种由用餐者自取菜肴、主食的用餐方法。“八大碗”式的知识课程和“自助餐”式的知识课程，可以形象地比喻我国和其他国家在知识课程内容安排方面的明显差异。从大学教育教学课程改革的视角出发，大学教师需要从“八大碗”到“自助餐”。最起码要做到，让教师自己选择知识课程产品或是教师自己要有创造设计开发知识产品的能力，创造开发出来之后让学生选择。

四、对象与产品：难以区分的范畴吗？

★ 教育对象与教育产品经常同时存在

众所周知，教育的三大要素分别是“教育者”“受教育者”与“教育影响”。教育者是在一定社会背景下促使受教育者身心发展的人；教育者必须具有一定的专门资格（知识、技能、品德）；广义上的教育者包括学校教师、教育计划和教科书的设计者与编写者、教育管理人员以及参与教育活动的其他人员；狭义上的教育者主要是指“学校教师”，也就是最直接的教育者。受教育者通常意义上包括各级各类学校的学生；受教育者是教育的对象，是学习的主体。“教育影响”不是指教育影响而产生的结果，而是指教育者在促使受教育者达成身心发展的目标过程中所采用的教育手段、教育内容、教育措施等。教育影响是教育者作用于受教育者的全部信息，或者说是教师作用于学生的全部信息，既包括信息的内容，也包括信息传递和反馈的形式，因此，教育影响是内容与形式的统一。内容是指教材、课本、知识；形式是指手段、方法、措施。因此，作为教育对象的受教育者与教育产品在教育活动中经常是同时存在的，或者说是相伴相生的。因为这二者的共时性特征，在很多时候导致教师可能区分不清楚。其实，这二者就是一个简单的“人”和“物”的关系，教育对象是“人”，教育产品是“物”。只不过，“人”的成长与发展离不开通过对“物”的学习与掌握而实现。

★ 教育对象是教育产品的具体承载桥梁

教育对象是受教育者，也就是教育服务的对象。教育产品为了能够服务教育对象并且服务好教育对象而创造设计开发出来的知识课程内容。教育产品就如同餐馆里面的饭菜一样，要让教育服务对象来选择并品尝，味道如何，要让教育服务对象品尝、感受、体验，区分这些饭菜是否有营养，是否喜欢吃。因此，教育对象是教育产品的具体承载桥梁。

本章小结

对象与产品：难以区分的范畴吗？回答是否定的。

“教育”是一种对学习的服务活动，教育的第一本质不是培养，而是服务。“学生”是教育服务的对象，大学青年教师要对教育服务对象被扭曲的问题进行纠正，明白教育服务对象就是学习的主人，因为学生成就大学，大学教师的最高责任是帮助大学生培养自我。“课程”是教育生产的产品，课程是服务于学生的产品，对这个产品需要追问的是“什么样的产品最有价值”和“如何组织与提供产品”。

第八章

育人，育己——关系的明晰

大学是什么？大学因为什么而存在有一个非常明确的答案：大学为学生而存在。如果大学青年教师不能让自己的育人原点放在学生价值一端，一定培养不出真正的人才。

一、育己：育人的前提

★ 教育者先要成为一个学习者

教师是大学育人得以发生的条件。教师教育别人，应该首先教育自己。云南大学高等教育研究院的院长董云川教授在其《找回大学精神》一书中说道："教育者往往只会教育别人，而经常忘记教育自己。"在当今中国，很多教师不爱读书，当一个国家的教师不爱读书，已不是新闻的时候，学生将会怎样？国家将会怎样？

教师作为教育者，首先应该有强烈的"教育动机"，教育动机可划分两种基本的动机，即"教育自己的动机"与"教育别人的动机"。首先要有教育自己的动机，教育自己的动机高于教育别人的动机，一个教育者只有先把自己教育好，也就是自己先学好才能去教育别人并影响别人。笔者就是在自己职业初期的头两三年，一直以"教育自己的动机"驱动自己前行，由此，迈出了继续攻读博士学位的步伐。教师教学生"好好学习，天天向上”，自己如果是一个基本不学习的人，那由一个不热爱学习的人来教学生要学会学习并且热爱学习，简直是天大的笑话，其效果必定事倍功半，甚至南辕北辙。

左图：2012 年 5 月在学习过程中笔者与董云川老师在云南大学办公室向其请教学习；右图：董云川老师的代表作，《找回大学精神》一书基于中国高等教育改革与发展现实中存在的种种矛盾，以其独特犀利的视角和充满激情的解析话语赢得学术界和高校师生甚至是社会其他行业人士的广泛认同

冰心先生曾说：“教师是一个国家教育的母鸡。”成为母鸡的前提是学习、读书，要有爱心、责任感。总之，教师要想教学生，自己应该是学生，不断钻研学问。自己专研，就容易对知识发生兴趣，对知识负责。

图为笔者 2013 年 6 月在南京大学获得博士学位。所谓博士是指学识渊博与阅历丰盈的知识精英，笔者离此定义还有很大的差距。所以，学习永远都在路上

★ **教育者先要成为一个交流者**

华东师范大学陈桂生教授指出，“教师是精神文化领域中最为稳定的职业。”❶ 为什么是精神文化领域？为什么在这个特定的范畴中教师职业是最稳定的？

前述说过，教育和教师服务的对象是具体的人，教师对学生的知识性服务最终会演变成一种精神性服务，即身心成长发展进步过程中所产生的一种连续的、稳定的精神性共鸣。因此，教育教学活动，或者说，依托于“专门的师生关系”之基础上进行的教育教学活动，是一种特定的精神文化领域的活动，不像医生与病人的关系、不像律师与诉讼当事人的关系、不像演员与观众之间的关系。这些关系最根本的特征是松散性、短暂性，而师生关系最根本的特征是紧密性、稳固性。这足以证明，像医生、律师、演员这些职业，其服务的成就主要取决于其服务行为如何。如果服务到位，就很容易见效。而教师职业不是这样，教师职业的成效取决于教师与其服务对象“交流与沟通”的程度。其成效有两种可能，一种是可能很快就产生成效，另一种是潜在影响，常常被忽略。因此，一个教师，假如不具有对学生有感染力的热情与激情，不会站在学生立场设身处地地理解，不能唤醒学生的求知欲，则说明教师是不懂交流的。这就是作为教师

笔者在大学教师职业初期的学习与交流，图为 2011 年到厦门大学参与学术论坛，向“中国高等教育学之父”潘懋元先生请教并合影

❶ 陈桂生．普通教育学纲要［M］．上海：华东师范大学出版社，2008：332.

博士生之间的交流，2012 年 10 月华中科技大学博士生与博导的交流。右边照片中间两位靠左边的是北京师范大学毛亚庆教授、右边是厦门大学史秋衡教授，2012 年 8 月 24 日于北京

的职业特征所彰显出来的，作为“交流者”的深刻含义所在。教师要想真正使自己进入教育精神文化领域，使教师职业真正是一个自我肯定、最稳定的职业，就必须成为一个真正的交流者，必须与师长交流、与同学交流、与自己的教育对象交流。

二、育人：教师的第一使命

★ 育人是教师永恒不变的职责

作为教师所育之人的学生是大学得以生存的前提。浙江师范大学田家炳教育科学研究院院长眭依凡先生说：“教师是因为学生的存在而获得自身存在的理由以及合法性的，教师虽然是大学必须依赖和倚重的主体，但教师是为服从于育人使命的需要并为育人服务的主体。凝聚教师不是大学存在的目的，育人才是大学存在最为重要的目的。”

育人是所有大学教师的根本职责所在，尤其是青年教师，从职业入场一开始，就必须让其明白，育人是大学的立身之本，更是大学教师的立身之本。大学的成功在于育人，曲靖师范学院“四个第一”的办学理念，其中之一就是“育人是办学第一使命”。

“育人是办学第一使命”这一理念蕴含了教书和育人的双重功能——“教书”是办学的外在价值，即功利性价值。主要表现为学校教学工作必须根据社会发展的需要给学生一定的知识与技能，为其走向社会谋生做好准备。“育人”是办学的内在价值，即本质价值。育人需尊重人自身发展规律，以人为本位，人是出发点也是归宿。其作用是对学生在世界观、人生观、价值观等方面完善人的内在素质。这要求教师以自身的道德行为和魅力，言传身教，引导学生寻找生命的意义，实现人生应有的价值追求，塑造自身完美的人格。从逻辑学讲，教书是形式，育人是内容。内容决定形式，形式反作用内容。由此，教育的本质是育人。多年来教书大于育人，这是轻重置换，本末倒置。所谓教书，大抵不过理解教材上说的，消化老师讲的，听老师指挥的，做老师布置的。在这一过程中，学生始终是被动的，被牵着走的，主体性与主动性悄然失去；学生被各种同一模式打造成大同小异的共同性格，个性的发展受到了一定的摧残。因此，只有把育人作为第一使命，才能把学校办好，才能塑造美好心灵，才能培养出一批具有创造能力和创新精神的新一代。

★ 育人是教育的原点

鲁洁先生说：“育人是教育的原点。”教育最基本也最重要的使命是育人。人是教育的中心。大学青年教师从职业入场开始，就要希望透过教育，提升人、转化人，鼓励学生培养德性并活得自由、幸福。履行好这个原点的工作，关键在于教师的教学工作。不知从何时开始，大学之内隐隐然已有一个不像话的共识——在大学生存，不用花时间在学生身上，因为学校考核重视的是研究、是论文发表与著作出版，而不是教学。所以，用心教学，等于和自己过不去。这种将老师从学生身边赶走的制度若不改变，育人是教育的原点这句话将是一句空话。

★ 育人要在师生关系中实现

把握师生关系的特性。

第一，教师天然具有向生性。向生性即利生性。向生性主要表现为教师对学生的带有“爱”的教育。作为教师，爱的对象是“学生”。只要我们是一个好教师，就一定会把学生当作朋友、亲人。作为一个教师，任何人都有对学生爱的能力，因为这种爱，本质上是一种本能。实际上，爱一个人与爱一个学生是一样的，我们只是希望学生学好，希望学生健康，并不希望从学生身上得到任何东西。我们看到学生成长、健康、快乐，做教师的就会很高兴，很快乐。但是，对学生的爱与对亲人的爱是存在一定区别的。作为一个教师，是要把学生当作朋友与亲人，但是不能把学生当作真的朋友与亲人。我们与朋友之间，可以随意聊天，可以吵架，可以恶作剧，跟学生可以吗？当我们心情不好的时候，可以跟朋友去抱怨，跟学生可以吗？当我们碰见事了，朋友可以帮助我们顶事，帮助我们扛事，学生可以吗？朋友与亲人可以忍受我们的任性，学生可以吗？因此，当我们面对一群正在成长的学生时，做教师的在很大程度上需要把自己的某些“个性”隐藏起来。教师只能有一种态度，那就是对学生的爱。

第二，学生天然具有向师性。“教师的学生是为一个共同的目的而走到一起的。学生是为了实现自身的最佳发展来寻求教师帮助的，教师是为了且能够提供这种帮助而参与到教育活动中来的。教师的和学生的根本利益与共同目标是一致的。”❶ 传统以来，无论是中外，还是古今，真正的师生关系中，教师天然具有向生性，在这种向生性基础上，学生都很尊重自己的教师。当教师把这种天然的“向生性”发挥出来后，肯定会赢得学生的尊重。尤其是新教师，特别要注意发挥自己的向生性。然而，“学生对教师的尊重并不取决于教师教龄的长短或教师知道的多少。你可以设计出引人入胜的课堂，可以将每个程序都安排得当，但是如果没有学生的尊重，你将会失败”。❷ 虽然尊重是一个成功师生关系的试金石，但是如果教师仅仅采取某个单一的行动，那将不会担保每一个学生都尊重教师，教师甚至很难知道学生是否真的尊重自己。尊重产生于教师所采取的每一个小小的行动。这需要教师在众多教育角色中成功地维持一个恒定且微妙的平衡，包括纪律维护者、指导者、训诫者、典范者、激励者。当教师达到理想教师的标准，将受到学生的尊重。

---

❶ 王文．青年教师专业发展指导［M］．武汉：华中科技大学出版社，2012：97．

❷ ［美］汤普森．从教第一年——新教师职场攻略［M］．赵丽，卢元娟，译．北京：中国轻工业出版社，2007：138．

《从教第一年——新教师职场攻略》最大的特点在于它的实用性，给出了大量有效、实用的方法和技巧。内容包括维持良好的课堂纪律，调动学生的积极性，花大量时间备课，上课时不敢偏离预定方案，不能灵活地根据学生的需要和兴趣做出反应，不知道怎样融入教师群体中等各种问题，为各级教师，特别是新教师提供了观点上的启示与策略上的指导

三、教育：在师生关系中发展

★ 优化的师生关系对教育的推动

师生关系对青年教师讲，是一个全新的关系，也是一个早已熟悉的关系。对于作为教师的师生关系，青年教师较少体验，而对于作为学生的师生关系，青年教师已经有很多年的体验了。学生喜欢什么样的教师，他们有太多的切身感受。这个是青年教师，尤其是大学新教师处理与学生关系的宝贵资源。但是角色变化了，想法很可能也会发生变化，更何况只是看到榜样怎么做，自己真要去做的时候，并不一定做得好。因此，大学青年教师或新教师要注意树立教师威信。教师的威信是教师在学生心目中的威望与信誉，是师生间一种积极而肯定的关系表现。一般来讲，由于教师的社会威望和在教育过程中的主导作用，加之学生对教师的好奇和期待，青年教师在学生心目中有一定的威信，这种威信通常叫作“不自觉威信”。

在此后的教育活动中，教师的工作成绩、高尚的人格、渊博的学识与娴熟的教育技能逐渐被学生了解，师生间的感情日益加深，这种“不自觉威信”也就成为“自觉威信”了。但是，如果大学青年教师对待工作虎头蛇尾，敷衍了事，或者在很多方面让学生失望，那就会丧失最起码的威信。因此，对于大学新教师而言，第一，要注意通过细节建立威信。学生通常是从细节与小事中评价教师的。教师仪容端庄、平易近人、处事公正、讲究卫生等，都会给学生留下美好的印象，并对他们产生深刻的影响。第二，大学青年教师要妥善运用第一印象。教师给学生产生的第一印象通常是学生评价这位教师的基调，不良的第一印象改变起来很困难。第三，教师要适应当代学生的态度表达方式。学生要尊敬教师，但不同时代的学生对尊敬的理解和表达方式有较大的差异。过去的学生对教师的尊敬可能是毕恭毕敬，当代学生则有更平等的多样化的表达方式。他们可能通过开玩笑、亲密的肢体语言、与教师争论等形式表达对教师的偏好和喜爱。

★ 异化的师生关系对教育的破坏

“师者，传道、受业、解惑也”，反过来，生者，学道、求业、问惑也。师生关系最单纯的内容就是：道、业与惑的传承与互动。师生关系一定是有人身性质的，甚至可以说人身性是师生关系的早期属性，也是首要属性，“一日之师终生为父”的思想即是此身份属性的写照。人身属性包括人格属性和身份属性。前者是指师生之间在人格上相互尊重，强调人格独立、人格自由、人格平等和人格尊严；后者是指师生之间基于“学缘”而产生的道业传授上的师徒身份。契约性逐步浸入师生关系领域之时，强调师生关系的人身性显然意义非凡。契约性使师生关系资源受市场调节，发展至极端就会使师生伦理受到挑战。因而，人身性之强调即是对此种风险的防范，可以弥补市场调节师生关系资源的局限性。同时，只有承认师生关系的人身性，才会更加促使为师者履行道德准则，把教书育人当作事业放在自己的心上，把心放在教书育人的事业上。教师的职业道德为何被社会普遍认同为高于其他职业人的职业道德，恐怕与师生关系人身属性所要求的更高层次的关爱与尊重之天职不无关系。伴随市场经济背景下的教育，师生关系突破了单纯的师徒人身属性，契约属性逐步进入并深刻镶嵌于其中。如果说，这是师生关系认识上的第一次思想解放，那么，在契约属性越来越彰显以至于出现师生关系人身属性淡漠的时候，再重新承认并确立师生关系的人身属性，就是师生关系认识上的第二次思想解放。之所以提出这样的问题并得出这样的结论，是因为在教育迅猛发展、阔步前进的今天，无论从纵向上与过去相比，还是横向上与尚存的单纯师生关系相比，师生关系确实出现了一些可以感知的变化。从实际出发，今日师生关系之变化可以大致归纳为淡化、异化和恶化。所谓师生关系的淡化，主要是指师生关系人身属性和契约属性消磨与损耗的过程和趋势。首先，是人身属性的淡化，这也是师生关系淡化的最突出表现。人身属性是师生关系在道德伦理层次上的必然要求，也是道德伦理层次师生关系的应有内涵。然而，今日之师生关系却越来越笼罩着契约色彩，权利义务的较量成分增多。所谓师生关系的异化，是指师生关系契约属性和人身（身份）属性的颠倒、覆没与变异的过程、趋势以及状态。与师生关系淡化一样，师生关系的异化仍然首先是人身属性的异化，一般地说，主要表现为人身属性的虚无或颠倒，但这仅仅是抽象表现。异化的师生关系一旦膨胀，就很容易恶化。恶化的师生关系完全是异化的必然走向，也是淡化的最坏结果。师生关系的恶化，在本质上即在师生之间产生完全无视人身属性与契约属性的非正常状态，往往表现为严重违背道德伦理甚至触犯法律的行动。在师生关系淡化的整体背景下，一旦出现异化的苗头，如果不进行有效控制，则很容易蔓延、扩散，以至于最后发生恶化后果。例如，学生在公开场合以最粗俗的语言对老师进行低劣描绘，曾经有大学生在博客上使用侮辱性词汇攻击和诋毁其老师，从而引发中国首例“博客侵权案”。发展至极端则表现为对老师的极端暴力行为，有可能构成刑事犯罪，如前段时间中国某政法高校发生的所谓“弑师事件”等。反过来，老师也有对学生进行侮辱、体罚或违法犯罪行为。如男性教师对女学生的猥亵甚至强奸行为，这些年媒体上多有中小学教师奸污女学生的报道。除了个体行为外，师生关系的恶化还有以团体行为作为表现形式的，如学生集体对老师的非礼、老师集体罢课等。

★ 大学教育得以发展的三大关系

第一，在老师和学生的关系上，学生是主体，老师围绕学生开展服务。学生永远是一个大学的主体，乃至大学所有管理者最终服务的对象。在大学里老师和学生的交往中，在大学的服务设施上、管理模式上，无不充分地得以体现。在一流大学的制度中，在现代大学的人性化、规范化和服务化的设施设备中，在学生管理中，无不倡导把学生置于最终主体地位的理念。甚至，学校和学院的有些委员会，还吸收学生代表参加，已经司空见惯。相比较而言，在我国目前的大学，各高校尽管也强调学生的主体地位，但老师与学生间、行政管理者与学生间，还没有建立一种老师、管理者服务于学生的机制。学生去见老师、管理者，似乎理所当然应当站着，老师、管理者一忙，学生就只能在室外无限期等待。这些都显示我们以学生为主体的理念还贯彻得很不够、很不充分。相关的可操作的制度建设还没有成型。在当今世界性的人才竞争中，最基础的竞争就是从狠抓生源做起，而优秀的生源，如果不附之以优质的学校服务体系，不但难以培养出一流的人才，而且师生之间的道义关系也无以真正地建立。

第二，在管理者和老师的关系上，老师是主体，管理者围绕老师开展服务。在欧美一流大学，为配合优秀学生的培养，都十分重视招贤纳士，在全球范围内聘请杰出人才出任大学的教职。一旦一位老师被聘任，即能充分享受主人翁的感觉。其中设在校、院和系三级的学术委员会，不仅有教授参与，而且也有副教授和助理教授参与，因此，教师作为主体，得到整体性的体现，而不是仅仅着眼于几位名教授、名学者。如香港理工大学的“教学发展中心”，更是把全方位为教师服务，特别是为青年教师服务作为其核心任务和使命。在这些大学中，所有人力资源（人事）部门，都以服务于老师为宗旨。这也和我国大学目前的情形形成鲜明的对比。目前，我国大学的情形是：学校管理部门面对个别院士、长江学者或者杰出青年，可以提供较为满意的服务，但面对成天奔波于教学第一线的普通老师，特别是正在成长中的青年教师服务极不到位，老师的主体地位没有得到更充分、更全面的体现。门难进、脸难看、事难办的痼疾没有得到彻底改观。有些学校还很严重，大学的衙门气息越来越浓。

第三，在学校各部门和学院的关系上，学院是主体，各部门围绕学院服务。在欧美大学，学院或系作为直接面向老师、面向学生的教学和学术机构，和管理部门相比较，居于学校的主体地位。学院院长在学校内部，不但是相对独立的责任主体，而且也是相对独立的权力主体。学院在人权、事权、财权上都具有相对的独立性，并且直接对校长负责。学校各个管理部门的基本职能，就是为学院服务，而不是设法“管”学院、“卡”学院。管理部门一方面是学校有关政策的执行机构，另一方面是学院发展的服务机构。对比我国大学，其区别甚为明显。在我国大学，一方面，设置众多的职能部门，目的不是为学院服务，反倒是专门监督、监视和控制学院的。职能部门的服务，似乎只对准校党委书记和校长，只看校党委书记和校长的脸色行事。对于那些在学校有话语权的学院，职能部门还能比较客气，而对于那些弱小的、亟待成长的学院，职能部门的颐指气使现象还十分严重。其根本原因在于学校的人权、事权和财权分别由各职能部门把握，而亟待发展的各学院，特别是那些自身创收能力尚不强的学院，可谓捉襟见肘，谋图发展的空间几乎不存在。[1]

四、育人与育己：难以明晰的关系吗?

★ 扭转“教书育人”的混乱逻辑

教书育人是一个错误的理念。“教育”之“育”乃是育人，这一点是正确的。“教育”之“教”，若当成教书，所谓教书育人，这一点，问题就大了。大在哪？教书，教师就必然占用学生时间，教师就必然包办代替学生思维，教师就必然剥夺学生思考，教师就必然导致学生懒惰。而学生之懒，乃当今教育问题百害之源。懒惰能继承先人经验吗？懒惰能积累知识吗？懒惰能产生质疑吗？懒惰能产生困惑吗？懒惰能产生灵感吗？懒惰能创新吗？懒惰能出杰出人才吗？所以，教书能育人才真正是胡言乱语。我们的学生之懒，主要表现在三个方面：懒于读书，懒于思考，懒于总结归纳。学生的这个三懒，难道不是教书育人造成的吗？教书育人的结果不是

---

[1] 谢晖．法林守道［M］．北京：中国民主法治出版社，2011：13－14．

变成了教书育懒吗？事实上，教书不育人，育人勿教书。所以，应该把教书育人之“教育”这个概念废除。废除教育，可以，但不能废除育人。用什么东西替代“教书”呢？用劳动（体力或脑力）或用读书，或用思考。所以，可把“教育”改为，“劳育”或“读育”或“思育”。古往今来的大量事实证明：读书可以育人，思考可以育人，劳动可以育人。可见，我所说的废除教育，实际上，是废除传统的教师的教书，把教师的讲课活动代之以学生的读书活动。[1] 可见，“教书育人”这个表达不符合教育规律，颠倒了教育规律或教育秩序。

★ 建立“育人教书”的常规逻辑

陶行知先生提出“育人教书”是有道理的，教育学生做一位人中人，即培养学生成为一个真人。教师每天应关注的是：学生身体长进了没有？没有好的身体何谈学问。有了学问要服务于人，不然学问也变得毫无意义。而道德又是做人的根本。作为为人师表的教师，要真正做到陶行知先生的教育思想“育人教书”，教师要先育己。一育身体：作为一名好的教师要做到“育人教书”首先要有健康的身体。阳光的教师才会教出阳光的学生。教师有一个好的身体，才能全身心地投入教育事业，才能不知疲倦地带领学生遨游在知识的海洋里，让学生尽情吸收人生的真谛。二育学问：一位教师要有丰富的知识，给学生一滴水，教师要有一桶水，因此，教师平时要多看书，多学习，努力做一名研究型的教师。平时在教学中还是在处理学生、家长事务上多思考、多问一个“为什么”，改变自己教育教学理念，打开学校与社会的围墙、教与学的围墙、教科研与教学的围墙。三育工作：我们常听到“教师的工作是良心工作”的话语，因为教师的工作是一种服务，服务学生、服务家长、服务社会。作为一名好的教师要做到“育人教书”要全心全意地、真心实意地献身教育事业，做到“捧着一颗心来，不带半根草去”。四育道德：作为一位教师不但要有师德，还要有师表、师品、师能。教师的穿着打扮，一举一动折射出一种审美

---

[1] 周长生．教书育人是一个错误的理念［EB/OL］．http：//blog. sina. com. cn/s/blog_45e5ae5a0102vbco. html

观，将直观地影响学生的审美观。总之，教师“育好”了自己，定会爱满天下，桃李芬芳。这更是笔者努力的目标与方向！

本章小结

育人与育己：难以明晰的关系吗？回答是否定的。

先育己后育人，是道理很简单的一个基本常识。只有“先育己”，教师“先强大自己，才有资格教育别人”，才能去“育人”。作为大学青年教师，从职业入场开始就必须理顺这个关系。

第九章

匠人，人师——目标的达成

从经师到人师，在其本质上就是教师的职业生涯发展轨迹与职业发展目标。教师职业生涯发展目标就是指教师在教育教学领域里，未来某个时候要达到的具体成就。对于大学青年教师而言，刚刚职业入场时连“经师”的水平都没有，或许只是一个“匠人”，经过匠人到“经师”可以成为一名“合格教师”，接下来成为“能师”，成为一名“学者型”教师，经过“学者型”阶段进而跨入“人师”，即“成家”的阶段。

一、匠人：知识搬运的职业起点

★ 匠人阶段之工作第一年的适应阶段

《现代汉语词典》中对“匠人”的解释是指在某方面很有造诣的人。“造诣”是指学问与艺术所达到的程度。能成为大学教师的人至少需要其在某方面的学问达到一定的程度。而这种已经达到一定程度的学问或技艺还处于一个隐藏或隐性阶段且难以发挥出来或者说发挥效果不好的人可称为“匠人”。对于刚刚职业入场的大学青年教师而言，这个阶段主要是拜师学习，并逐渐认同教师的职业责任，实现由学生向教师角色转变。在此过程中，逐渐熟悉备课、上课、辅导、批改作业、考试检测等教学常规性工作；通过课堂教学，不断地把教学知识转化为教学能力；一年的试用期其实就是一个处于“匠人”的“调适期”，这个调适期结束后，要让自己所在的院系认同自己的这些转变，进而成为一名“正式教师”。这个阶段是大学青年教师生涯的第一站。最起码需要在三尺讲台上使自己“立住脚”。

★ 匠人阶段之练就基本功阶段

从教学基本功看，大学青年教师在其入职的第二年与第三年，要掌握一些基本功：“两字一话一机”的能力，即粉笔字、钢笔字、普通话、计算机等一般基本功；备课、上课、批改、辅导、测验等常规基本功；处理重点、难点等课堂教学基本功；分析与了解学生的基本能力。在这个阶段形成过硬的基本功，具备独立的教学实践能力，成为胜任学科教学的教师，在拜师基础上就算“出师”，可以说是在三尺讲台上“站稳脚”。从科研基本功看，获得前面的“站稳脚”的局面需要大学青年教师在私下对自己所承担的“学科”进行一定的研究与学习。

二、经师：不误人子弟的职业境界

所谓经师是指严肃、严谨、严格地对待教育教学工作，做一个不“误人子弟”的合格的教师。经师是把教师职业作为一种谋生的手段。

★ 经师的严肃性

教育的指向性或者说层次性决定教师职业的严肃性。教育指向的第一层次是指向人，第二层次是指向知识。指向人与指向知识的工作应该是一种严肃的工作，要依靠这样一种严肃性使教师对“人”与“知识”怀着一种敬畏之心，进而引领学生对“人”与“知识”产生一种敬畏之心。这里的严肃首要的是指一种敬畏。即已经有了4~5年的职业经历的大学青年教师，已经认同教师的职业价值，逐步树立一套教育观念，形成一套自己的教学设计、教法与学法指导等方式，进而建构自身的经验体系。成为“新秀”或某些方面的“获奖者”，成为经验型与技能型教师，并在三尺讲台上“站好脚”。

★ 经师的严谨性

严谨是指严密谨慎与严密细致。对待人与知识要周到而且没有疏漏。在这个阶段应该是第5~8年。经过前述5年的发展，到这个阶段可能会出现一种教师成长中特有的现象——职业徘徊阶段。新东方创始人俞敏洪先生恰好就是在这一阶段产生了“职业徘徊心理”被北京大学开除的。具体说就是教师职业在这个阶段最容易在心里出现一种来回浮动、起伏与犹豫不决的心态。是否继续在一条职业道路上走下去还是重新选择其他职业或者创业。此时，教师在其业绩上提升不明显，出现心理学上的“平台状态”或“高原现象”，很多教师可能就仅仅满足于自己在前面阶段取得的那一点经验与技能，进而裹足不前。解决这种状态的途径在于教师要严谨起来，对自己已经获得的经验与所掌握的知识进行全面检查，进行严密谨慎与严密细致的大检查，重新梳理并确立自己的远大抱负。做到“明知山有虎，偏向虎山行”，一头扎入教育理论与专业研究中进行严谨的学习，不断进行教学反思，蓄势待发。这个阶段应该在三尺讲台上做到“上下求索”。

★ 经师的严格性

前面的“严肃性”与“严谨性”的特定要求，需要进一步通过经师的严格性来加以限定并落实。经师首先需要成为一个严师。严师就是对自己严格要求，对学生严格要求。严格就是必须遵守人才培养与人才成长的身心发展规律，建立适应人的身心发展规律的教育规章制度与标准机制，进而严格遵守。

三、能师：学者型教师的专业境界

所谓能师，就是具有教育智慧的专家型、研究型的教师。能师要有深厚的专业功底，有独特的教学艺术和风格，有出色的教学效果，有对教育教学的研究和探索，直至著书立说。能师是把教师职业作为一种专业加以追求。

★ 能师的专业功底

从职业起点作为知识搬运工的“匠人”开始，到职业境界阶段作为不误人子弟的“经师”，已经相对掌握较为系统的教学与科研的基本功底。从知识信息的积累看，成为能师的最基本的前提就是系统掌握“功底性知识”，即学科专业范畴最基本的专业理论知识，在“功底性知识”基础上进一步掌握“信息性知识”与“方法性知识”。

★ **能师的个性风格**

在前述基础上那些少数越过“高原期”的教师，能用现代教育理论指导自己的教育实践，并对学科教学有独特见解，建立自己的特色与风格，成为“学科教育专家”，这个阶段是8～12年。在这个阶段的教师，深谙学生学习兴奋点、分歧点是什么，熟知如何激活兴奋点、顺利通过分歧点。他们维护并推动学生的学习活动，并能产生较好的育人效果。这个时候，教师具有较强的教学科研能力、学科指导能力，著书立说，业绩突出，具备了成为名师的条件。这个时候，教师可以在三尺讲台上“游刃有余”。

四、人师：人格型教师的事业境界

“人师”为陶冶学生性格的导师，不但要有高深的学问，而且要有伟大的人格和高尚的修养。人师以自身人格的魅力塑造学生的人格，以自己的德、才、情给学生以潜移默化的、终身受益的影响和感化。这种境界也是教师完善自我、实现自我、超越自我的享受境界。人师把教师职业作为一种事业追求与精神享受。

★ **人师的角色使命**

人师的职业使命就是使人成为更加完整的人。对于大学教师而言，人师所扮演的角色应该是这样的：“对于任何一个国家与民族以及社会而言，大学与大学教师职业存在的终极价值都是为社会培育出有知识品位与公民人格的大学生，凡是有知识品位与公民人格的人都离不开大学教育的培育，通过培育出这样的人最终创造更加美好的世界；大学与大学教师职业的职责就是通过自己对知识与文化独立自主的特定运转使那些致力于发展自己知识品位与公民人格的人来接受大学教育；大学教师作为推动大学终极价值实现的根本主体，扮演学生知识品味与公民人格建构者的角色，并在角色扮演中需要有其特定的建构者人格。”[1] 扮演这样角色的大学教师就是人师，人师就是人文大师，人文大师实际上就是“文人”。伏尔泰说：

---

[1] 王飞．大学教师：学生知识品味与公民人格的建构者［J］．徐州工程学院学报（社会科学版），2015（2）：104．

“除了文人，什么职业我都不喜欢。”

伏尔泰［法语：Voltaire，1694 年 11 月 21 日 ~ 1778 年 5 月 30 日］，原名弗朗索瓦－马利·阿鲁埃，法国启蒙时代思想家、哲学家、文学家，启蒙运动公认的领袖和导师，被称为“法兰西思想之父”

“人师”中的“人”，不是抽象的人，而是实实在在有血有肉有情感有灵魂、拥有自己人生计划并渴望得到他人承认的个体。这些个体，脆弱但独立，微小却完整。判断一个教师是否是人师，最重要的基点，是看他能否给予个体平等的关怀和尊重，能否使这些个体感受到平等，能否使这些个体感受到人的尊严。正如北师大校训所言：学为人师，行为世范。

★ 人师的职业素养

人师意味着有丰富的知识素养。教师要有精深的专业知识、广博的相关学科知识、系统的教育学科知识，包括一般教育学知识、教学法内容知识和学科教学法知识，提高教师对教育规律的认识，注重教师教育哲理的形成，丰富教师在管理策略、教育教学活动设计、方法选择、现代教育技术运用及教育研究等方面的知识，并在教育教学实践中有效而灵活运用知识；人师意味着要有较强的职业能力，要有娴熟而精湛的教学能力。称得上“人师”的教师，其教学能力绝对要体现其吸引力，这种吸引力体现在五个方面——功底扎实是吸引力形成的基础，想象力丰富是吸引力提升的翅膀，博览群书是吸引力牢固的保证，师生互动是吸引力四溢的氛围，出口成章是吸引力油然而生的引信。要做到功底扎实，需要热爱自己所投身的学科，接受相对完备的专业训练，并长期不懈地关注自己所投身的学科和科研领域。想象力丰富，要求教师通过置身于所处的时代，时刻关注社会变迁，了解最新资讯，与时俱进，进行创新思维。一个大学老师，博览群书才能视野宽广、知识丰富，才能使自己的课程内容充实而精彩。想要课程更吸引学生，师生互动不可或缺，尊重学生，激励学生提高自信。讲课的口才、出口成章是可以后天培养的，通过多读多练，从实践中提升自己。

★ 人师的职业精神

在成名教师当中，有些教师不满足于学科教学方面已有的建树，始终“咬定青山不放松”，继续走教科研之道，并把研究的触角延伸到教书育人的每一个角落。在理论上，对教育有很深刻的理解与感悟；在实践上，在做好“经师”与“能师”的同时，更加注重做好“人师”，形成自成一体的教学科研流派。同时，在对教育有深厚的积淀基础上形成自己的教育理念，在教学实践上不断创新，能高屋建瓴地审视教育教学问题，最终成为教育“名家”。在三尺讲台上做到“大放异彩”。而做到这种程度的教师是需要很强大的职业精神。这种职业精神可以解读为“责任感与奉献精神”。责任是分内应做之事，教师的责任主要来自教师对教育价值及其对自己在教育中重要性的认识。教育不仅需要教师的知识学问和智慧，还需要教师的全身心投入，因此特别需要教师的奉献。这种精神一方面需要教师增强教学责任感和教学奉献意识，热爱科学，热爱教学，热爱学生，淡泊名利，无私奉献，认真教学，不断反思教学，研究教学，创新教学理念，优化教学内容，改进教学方法，把热情、知识、学问、才能奉献给学生，增强课堂吸引力；另一方面，教师要增强科研责任意识。科研工作非同一般性工作，具有长期性、艰巨性等特点，教师要潜心科研工作，不怕吃苦、不畏艰难、不断探索、追求真理，推进科学发展，始终专注科研不为功利所诱惑，把自己的智慧、勇气、毅力等奉献给科研事业，取得高水平的科研成果，为学校的发展做出贡献。[1]

---

[1] 姚利民. 高校教师心理与管理研究［M］. 长沙：湖南大学出版社，2013：257－258.

五、从匠人到人师：难以达到的目标吗？

★ 四重境界的顺利推进需要教师主动学习

学习，是教师职业目标得以发展的源泉。学习，学习，再学习，这是教师成长的唯一途径。很多教师是缺乏学习，教师不重视学习的原因不仅是“没时间”，而更多的成分是没有求知的欲望、没有学习渴望、没有学习习惯。特别是在应试教育的重压下，教师总是提心吊胆地守着自己教的学科，生怕考不出好成绩，从而影响到晋级、评优、评先、加薪等关系到自己切身利益的大事。这种应试教育制度下造成的负担过重，必然导致肤浅（爱因斯坦语）。这种恶性循环会导致教师本来就不丰厚的底蕴更加薄弱。要想由能师成为人师，笔者认为最起码应系统地学习教育理论。有些教师往往凭经验做事，而且对新的教育理念、方法有排斥心理，即使勉强接受，也不能把它真正运用到工作中去。另外，有些教师只是零星地接受一些，接受的渠道不外乎是学校短期的培训或从报纸杂志上看到的，很难形成系统。最恰当的办法是静下心来，仔细地研读几本教育理论书籍。研读时要结合自己的教育教学特点，有针对性地选择，切不可盲目跟风，研读时要做好笔记，并与自己的教育教学经验对照，找出差距。教育理论书籍可能分层读，可以先选读一些纯教育理论的书籍，如苏霍姆林斯基的《给教师的建议》等，后读一些操作反思类的书籍，如美国蒙特克莱尔新泽西州立大学教学资源中心主任肯·贝恩（Ken Bain）的《如何成为卓越的大学教师（第二版）》等。

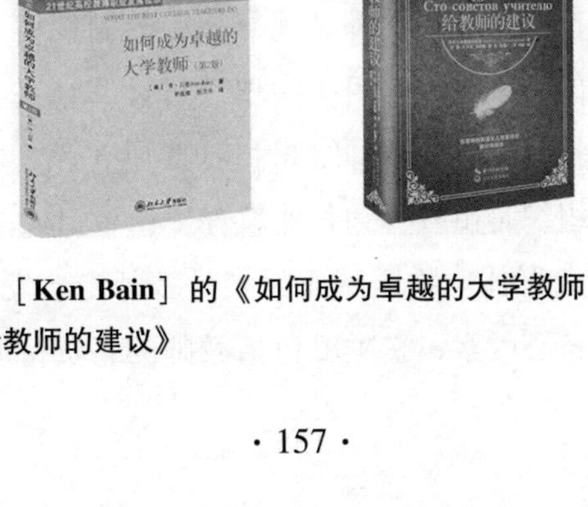

左图为肯·贝恩［Ken Bain］的《如何成为卓越的大学教师（第二版）》，右图为苏霍姆林斯基的《给教师的建议》

★ 四重境界的顺利推进需要教师主动反思

反思，是教师四阶段目标得以发展的主要方式。反思主要是指课堂教学反思。有课前反思、课中反思与课后反思。课前反思使新的教学设计建立在对过去经验与教学反思的基础上，课中反思使教师及时解决在课堂教学中发生的问题，课后反思使教师对自己的教学观念、教学行为和学生的表现以及教学中的成功之处与失败之处进行理性的分析，提升自己的专业素质。一般来说，课堂教学存在精彩的瞬间，也存在遗憾的片段，及时地进行总结反馈，能够使教师及时在教学中反思，在反思中提高。

★ 四重境界的顺利推进需要教师主动研究

研究，是教师四个阶段发展目标得以实现的动力。2015 年 4 月 21 日，笔者参与所在工作单位举行的年度科研工作座谈会议。在会议中，笔者所在工作单位的校长在座谈会总结时说了一个观点，笔者产生了强烈的共鸣。他说："大学里最恐怖的教师，是那些从来不搞研究，从来不懂研究，勤勤恳恳站在讲台上的教师。因为这样的教师是完全没有思想的教师。"所谓"研究"，一般而言，就是一种有目的、有系统的学习过程，让教师逐一测试自己悟出的或他人提出的理论，再经过研究所得的结论修正自己教学的方法、程序或材料。大学教师的工作从理想状态看，是培养现代公民，培养独立思考、具有独立人格的公民。而这样的公民最基本的是有思想，思想从何而来？从自身的独立研究与独立思考中产生。

★ 四重境界的顺利推进需要外在保障机制

机制，是教师四个阶段目标得以实现的保障。制度层面、组织层面以及物质层面等外部因素是影响教师专业发展的重要方面。制度层面因素是教师专业发展的重要客观前提，是教师专业发展不可或缺的外部保障环节。任何组织或机构要开展活动都必须有相应的制度作为保障，制度是组织赖以存在和发展的基础，也是组织实现其目标的必要前提。这里所说的组织层面的因素包括专业化的教师组织和对教师进行继续教育的专业化的组织或机构，教师组织是由教师和其他教育工作者组成的具有专业性"服务性"互利性的专业群体。物质层面因素是教师专业发展的前提和基础，是教师专业发展的核心因素，它主要包括教师的薪资待遇和社会声誉。就组织层面而言，为保障教师专业发展的顺利开展，必须建立全国范围内，省域范围内和学校范围内三级相连、彼此相通的专业化的教师组织；就制度层面而言，制度建设必须要明确和保障教师作为专业人员的法律地位和法律权力，这是教师专业发展的前提和基础，因为只有确立教师的法律主体地位，后续各项工作顺利开展才有保证。建立科学合理、全面的教师评价或考核制度。建立系统完善的经费保障制度；就物质层面而言，教师是典型的智力劳动者，在市场经济条件下对智力工作者而言，宽裕的物质生活条件是其专心教学和专注研究的必要基础。因此，对教师的物质投入应提高，应在社会平均待遇之上，并且要切实落实到位。物质上的满足是教师向更高层次发展的基础，是教师专业发展的主要动力。[1]

本章小结

“匠人—经师—能师—人师”，这四阶段的成长发展目标，是难以企及的目标吗？回答是否定的。

教师作为特殊的职业，理应是终身学习的典范，必须不断学习，这是教师四个阶段目标发展的基础；必须不断思考，这是教师四个阶段目标得以发展的必由之路；必须不断研究，这是教师四个阶段目标得以发展的关键；必须有外在的健全而适合的保障机制，这是教师四个阶段目标得以发展的保障。前三点是教师目标得以实现的内因，最后一点是教师目标得以实现的外因。作为大学青年教师，从职业入场开始就必须树立清晰的职业发展目标。

---

❶ 林杰，刘桂秋．教师专业发展的保障机制研究［J］．沈阳工程学院学报（社会科学版），2012（2）：253－255.

第十章

学术，行政——体制的适应

学术权力与行政权力永远是大学内部两大基本权力。这两大基本权力建构起大学的基本体制。从学术权力看，学术是教师思想力与生命力之源。从行政权力看，行政权力务必做到敬畏学术与服务知识，两者和谐共生需要行政顺从学术。

一、学术：教师思想力与生命力之源

★ 学术的概念

关于学术的概念，吕素珍在其《现实与超越：大学教师理想角色形象研究》一书中进行了详细的论述。

"学术概念是跃动、迁移的"，换句话说，就是学术概念是不断发展、变化的，这种变化表现在不同时代和不同文化背景中。"学术"在我国古代汉语中并不是一个词。在中国古代文化中，最早只有单独的"学"和"术"的概念。根据《说文解字》的解释，"学"与"教"的意思相同，指学习，引申为讲学、学识、学问、学说、学科等。"术"为道路，为人所由的道路，人由道路而达到一定目标，从而引申为技术、技艺、方法等。后来在《礼记·乡饮酒义》中"学术"始有并称或为一词，谓"德也者，得于身也。故曰：古之学术道者，将以得身也。"后郑玄和孔颖达

《现实与超越：大学教师理想角色形象研究》试图在理解大学和大学教师的本性基础之上，结合社会学的角色理论和“理想类型”方法，提出理想的大学教师是集教育者、学者和知识分子于一体的角色，进而详细论述上述三种角色的角色特质，并对当前我国大学教师形象进行批判分析，最后从角色理论的角度阐述塑造大学教师理想形象的具体策略

都将这里的“术”注为“艺”，由此得出该处“学术”是指学习与技艺，引申为学说与方法、道理与技艺、学识与办法等。所以，有学者指出，“学术的基本含义是‘学’与‘术’的表述及其关系阐释”，并且认为我国长期是“学”与“术”二者分开使用，直至近代梁启超开始才将二者联系起来。梁启超在《学与术》中明确地指出：“学者术之体，术者学之用。二者如辅车相依而不可离。”他还说：“学也者，观察事物而发明其真理者也；术也者，取所发明之真理而致诸用者也。例如，以石投水则沈，投以木则浮。观察此事实，以证明水之浮力，此物理学也；应用此真理以驾驶船舶，则航海术也。研究人体之组织，辨别各器官之机能，此生理学也；应用此真理以疗治疾病，则医术也。”在当代，我国权威辞书《辞海》(1999 年版）将“学术”解释为“指较为专门、有系统的学问”；而最新版《现代汉语词典》（商务印书馆 2005 年版）对“学问”的定义是“正确反映客观事物的系统知识”。显然，我国当代对“学术”概念的解释主要是指理论的学问，它与我国传统学术概念既包括理论也包括实用有较大不同。故而，今日我们所指的“学术”概念实际上是从西方引进的。

综上所述，学术可以作以下几种理解：广义和狭义之分、名词和动词之分。从名词的角度看，广义的学术就是我国传统学术概念中的“学术”，学术包括“学”与“术”、学理与应用两个方面的学问；狭义的学术是西方传统学术观中所指的学理性的学术。从动词的角度看，广义的学术大致相当于博耶的学术观，是指围绕系统、专门学问的形成而进行的探究、整合、应用和教学几个方面的活动；狭义的学术主要是指探究或发现活动以及整合的活动，或者我们通常说的研究。本文的学术观是狭义的学术观，即主要是指通过研究发展专门、系统的学问的过程及其结果。❶

★ 大学教师的职业是学术职业

学术职业与大学教师这两个概念密不可分，学术职业是大学教师所从事的职业，大学教师是从事学术职业的人群。广义上看，一切从事学术活动，以学术作为物质意义上的职业的人，如大学教师、科研院所的研究人员、政府及其他社会团体的研究人员、企业的研发人员等，都可以称为学术职业人。但是这里特指的是狭义范畴的，特指大学教师这一职业群体。具体来讲，仅仅涉及大学里从事学术工作的教学和研究人员。这一点青年学者吴艳茹在专著中《寻路：制度规约下的大学教师职业生涯研究》进行了深刻的解读。

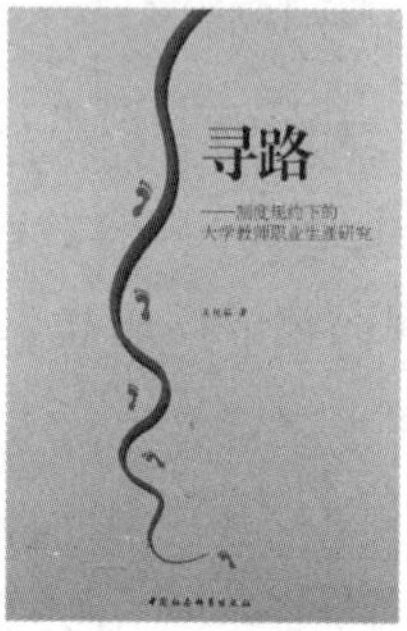

《寻路：制度规约下的大学教师职业生涯研究》以吉登斯的结构化理论和新制度经济学为主要思想工具，超越“制度—职业生涯”二分的研究思路，探索宏观层面的大学教师制度与微观层面的教师职业生涯之间的互动关系，为寻求制度变革的前瞻性策略提供依据

---

❶ 吕素珍．现实与超越：大学教师理想角色形象研究［M］．武汉：华中师范大学出版社，2012：89－91.

在该书中，吴艳茹指出，“学术职业也称学术专业，是一种通过从事学术工作而获得报酬的社会职业”。❶ 大学教师这个职业群体的主要精力与生活重心是教学与研究，他们出于自身的目的而去追求知识，并通过国内和国际专业协会建立声誉，获得职业回报。可见，学术职业的核心特征是“学术性”和“专业性”。学术性是学术职业区别于其他社会职业的基本属性。犹如伯顿·克拉克所言：“在任何社会里，学术工作都是围绕着特殊的理智材料组织起来的。这种特殊的理智材料就是知识。……知识材料，尤其是高深的知识材料，是任何高等教育系统实质的核心。”❷ 既然高深的知识是学术职业赖以生存的基础，那么学术职业从业者所承担的职责与使命必然是紧密围绕高深知识开展的。因此，大学教师必然是经过系统严格的学术训练，具备规范化与专门化的学术性学科知识，才能进入大学，拥有从业资格。而入职后的大学教师，将面对的工作内容是探究、整合、传播与应用知识。其中，探究知识是学术职业中最具有标志性的一个部分。需要强调的是，仅仅是应用知识而不承担其他保存和发展知识责任的从业人员，不属于学术职业人。据此可说，学术职业是专业性职业的一种特殊类型，是社会分工进一步细化的产物❸

★ 大学教师以学术为志业

“以学术为志业”最早由德国社会学家马克斯·韦伯在对青年学生的演讲中使用。德文原文是“Wissensehaft als Beruf，Wissenschaft”英文译为seienee，中文译作“学术”“学问”“学术工作”“学术研究”“科学”“知识”等；“Beruf”是德文中一个很普通的字，英文中通常被译为“vocation，calling”，中文被译为“志业”“使命”“职业”“去从事某事的召唤”等，但由于马丁·路德在翻译基督教圣经时，给这个字提供了强烈的基督

❶ 吴艳茹．寻路：制度规约下的大学教师职业生涯研究［M］．北京：中国社会科学出版社，2013：54.

❷ ［美］伯顿·克拉克．高等教育系统——学术组织的跨国研究［M］．王承绪，等，译．杭州：杭州大学出版社，1994：12.

❸ 王飞．元理论视野下的教师专业性解析［J］．现代大学教育，2013（1）.

教背景，强调“奉神所召去从事某事”，因此它有强烈的价值意含。❶ 美国存在主义哲学家威廉·巴雷特也认为，“根据字典，所谓‘以……为’，就是公开地、因而也就是当众地供认或表明信仰，所以也就是在世人面前公开地承认从事某项工作的内心冲动或神灵的感召”。❷ 马克斯·韦伯也正是从这一意义来谈学术与学者的关系。在“以政治为志业”的演讲中，韦伯明确提到一个人对待政治的两种态度——一种是“为了”政治而活，另一种是“依赖”政治而活。前者是把政治作为志业，而后者是把政治当作职业。我国学者吴宓认为“职业”与“志业”的区别是：“职业者，在社会中为他人机关而做事，籍得薪俸或佣资，以为谋生糊口之计，仰事俯畜之需，其事不必为之所愿为，亦非即用吾之所长。然为之者，则缘境遇之推移，机会之偶然。志者，为自己做事，毫无报酬，其事必为吾之所极乐为，能尽吾之所长，他人之未必及我。而所以为此者，则由一己之志愿，百折不挠之热忱毅力，纵牲极巨，阻难至多，仍必为之无懈。”❸ 韦伯认为志业政治家是以“为了”政治而活为主要性格特征，即把政治作为理想、信仰来对待。综合上述论点，笔者认为，韦伯所说的“Wissenschaft als Beruf”就是“以学术为志业”，即强调学者要把学术作为人生的理想、信仰来追求，或者用类似于韦伯自己的话讲就是“为了学术而活”。在这里，将“以学术为志业”作为大学教师的首要精神特质，也是从这一角度而言，即真正的大学教师应是以学术为人生理想、信仰的人，是能够为学术而献身的人，真正的大学教师把学术当作自己生命价值或意义之所在。

二、行政：敬畏学术与服务学术

★ 大学行政的必要性

从现代大学的结构看，学术和行政本来乃是孪生兄弟。现代大学则不

---

❶ ［德］马克斯·韦伯．学术与政治［M］．钱永祥，等，译．桂林：广西师范大学出版社，2004：155.

❷ ［美］威廉·巴雷特．非理性的人［M］．段德智，译．上海：上海译文出版社，2007：4.

❸ 郭丽君．大学教师聘任制——基于学术职业视角的研究［M］，北京：经济管理出版社，2007：15.

但是从事研究的学术机构，同时也是服务社会的知识生产和传播的组织，而要适应外部社会的要求和维持庞大系统的高效运转，必须有相应行政架构和职业管理人来保证。于是现代大学系统亦不得不分为两大相对独立的系统：由教师组成的研究教学系统和由行政人员组成的行政管理系统。

这就难免形成两种权力的共生模式。学术权力看重的是学术对话和学术创新；而行政权力要求行政服从和行政绩效。如果说学术自由被学人视为大学精神之核心，职场和官场中的等级科层制在大学运行中一样占据充分的合法性。

行政权力主导大学管理并不同于“学术行政化”，前者并不必然导致学术腐败，关键还在于权力分立。学者刘瑜这样为我们谈到了美国的经验。

美国的系主任或者院长，就像美国的很多官员，第一有任期，第二没多大权力，所以实在没有多少理由去“敬畏”他……为什么美国的系主任院长权力不够大？首先，美国的很多学术资源都是绕开学校的行政渠道，直接面向教师“招标”的，说白了，资源的分配方式，在某种意义上，是专家评审下的“市场竞争”，而不是“行政分配”。其次，系里也是“分权”的，系里各种委员会分掌各种权力，比如“教师录用委员会”负责招员工，“职称评审委员会”负责评职称，“课程设置委员会”负责课程设计……这些委员会人员可能有交叉，但往往不重合，更没有必要让系主任坐镇每一个委员会。在中国被一个人、长期垄断的权力，在这里无形中就“化整为零”地分流了。

在此我们看到作为文化和制度的基本民主精神渗透在学术管理之中。由于大学结构和功能的变迁，学术权力和行政权力在现代大学中的对立事实上不可消解，正所谓“教授治学”不同于“校长治校”。一方面，大学由职业管理者按照科层制的方式组成行政结构，将学术事务和行政事务分开，不但有利于提高管理效率，也便于让学者专心治学，避免行政学术化及学者利用行政权力来排斥异己。另一方面，现代大学早已不再是纯粹研究高深学问、处于社会边缘的象牙塔，而是与市场、社会及政府互动密切。正如，布尔迪厄所指出，当今的大学形态在于，知识的生产、流通和分配都已经深入地被权力和金钱所控制；因而学校如同企业，大学教师作为文化产品的生产者，也必须接纳工作效率的规范并将之作为衡量学者成就的标准。这种情况下，我们发现，无论制度的阴影如何笼罩和遮蔽校园权力场域的分割，学界的江湖恩怨和办公室政治亦不过是生生不息的日常场景而已。

★ 行政是学术的敬畏者

学术界，本是一个纯洁之地，而现在却变成许多人发财致富的宝地。这种思想的圣地，是不能容忍别人来污染的。马克思说过：思想一旦离开利益便会使自己出丑。这也就是说人们所争取奋斗的一切，都和他们的利益有关。马克思直白地揭示了人们对利益的需求，但是我们不能唯利益至上。而学术界，正是因为有的人怀着不纯洁的目的，打着学术的旗帜，来捞取本不属于自己的利益，以至于学术界出现今天的局面。为什么中国科学家无缘诺贝尔奖？这不仅是因为和中国体制所鼓励的思维方式有关，也和学术界出现的这种风气有关。那怎样改善目前学术界的这种情况？

大自然我们要敬畏，对于学术，我们是不是同样要有敬畏之心？敬畏，是要求我们对学术要有敬重和畏惧之意。我们要有求知的欲望，知识是个无底洞，只有努力探求知识，知识才能为我所用，才能做好学术。如果我们不敬畏自然，大自然便会以她特有的方式“回报”人类，同样，如果我们不敬畏学术，学术也会给我们意想不到的结果。所以，不管是不是学术界的，不管做不做学术，请敬畏学术！张楚廷先生说：“在学校里，行政是后生的，它越是顺从学术就越有力量。”

三、中立：没有任何教师能够做到

★ 不适应学术行政化的体制怎么办

陈丹青，52 岁，1980 年以《西藏组画》而名声大噪，被称为中国当代美术史的里程碑，后游学美国。2000 年，他被清华大学美术学院特聘为教授及博士生导师。2004 年年底，陈丹青向院方与校方正式递交辞职报告。他坦承：“我之请辞，非关待遇问题，而是至今不能认同现行人文艺术教育体制……我深知，这一决定出于对体制的不适应，及不愿适应。”

3 月是各大学招收硕士博士生的时节。过去 5 年，每到这个季节，陈丹青和清华大学许多教授一样，面对一叠厚厚的硕士生博士生报考表格，上面填写考生的姓名、年龄、民族、政治面貌、学历。其中，最要紧的，当然是各科“分数”：政治、外语、专业……“人的才气、性情、素质，统统变成了表格数字，”陈丹青说，“从这些表格上根本看不出考生是怎样一个人!”

第一炉“博士生”全军覆灭。5 年来，陈丹青始终不能容忍考试表格中的分数顺序：政治、外语，然后才是专业。他直指这种顺序是“荒谬”的。但这“荒谬”很快显示其威力——2000 年，他首次领教了中国式的考试：24 名考生中，5 名入围，外语全部不过关；考虑到这是陈丹青首次招生，校方同意将 5 名落榜考生转为“博士课程访问学者”。次年，5 位访问学者完成论文选题，转为正式博士，再考外语，再度失利。第一炉“博士生”教学就这样“作废”了。

4 年招不进一名硕士生。硕士生报考也是同样的规定。有位投考陈丹青研究室的女考生，绘画成绩位居第一，但因外语、政治各差一分，落榜了。与千万艺术考生一样，她在京租房，啃外语、攻政治，翌年再次赴考，政治过关了，外语依然不及格——由于政治、外语关卡，陈丹青长达 4 年招不进一名硕士生。而且他很快明白，这种“汰优制度”，20 多年来全国艺术院校千万名老师早已司空见惯了。27 年前，陈丹青远比今日千万名青年学子“幸运”：当他投考“文化大革命”后中央美院第一届油画研究生时，以外语零分、专业高分被录取。

痛斥艺术教育虚假繁荣。在美国待了 18 年，陈丹青回来一看：“教学计划、教学大纲、教学思想、教学评估，是艺术学院的头等大事——艺术学院从未像今天这样充斥办学的教条。”在他每年重复填写的表格中，从来都拒绝填写“科研项目”，并在文章中公开咒骂：“‘科研’，一个外行词语，竟公然霸占艺术学院的教学表格。这是对艺术的轻蔑，深刻的轻蔑!”他警告说，人文艺术教育表面繁荣——扩招、创收、增加学科、重视论文等——实则退步，学生“有知识没文化”“有技能没常识”“有专业没思想”。

陈丹青不想再玩下去了。值得一提的是，从没有一位领导对他的“叫嚣”予以制止和批评。个别领导还会鼓励他把想法讲出来。而他的同事对他“非常善意”，年轻教师更是私下里认同他的表达。不过，每当他在会议上发言完毕，周围便一片沉默，或者话题随即切换。陈丹青痛定之后无奈地承认：“这就是体制的厉害。”“我不想再玩下去了。”陈丹青说，“我知道，这样做是一种奢侈。”❶

★ 没有任何教师能够在学术行政体制中保持中立

“没有任何教师能够在教育中保持中立。”作为教师，必须有鲜明的立场，不能采取“相对主义”的态度来支撑自己。相对主义有两个基本弱点——他们的观点在知识层面不够深刻与丰富，从政治角度也难以接受。在学术界不可能接受这样的观点，即一种“骑墙立场”的发展，是通过对另一种骑墙观点展开不可行性论述达到的，相对主义者的学术研究与观点肯定是一种无言理论。教师，尤其是大学教师，如果在既有学术工作又有行政工作的大学环境中，尤其是在没有把这两种工作进行严格边界区分的中国大学环境体制中，教师采取一种中立态度或者骑墙立场，那绝对不能保证大学教师能稳步合理地探求真理与正义。因此，大学青年教师必须从一开始就很清晰地对这个充满困惑的问题有所认知并能理解，要么坚持学术立场，要么坚持行政立场，不能在学术与行政之间摇摆不定，更不能在学术与行政之间寻求一个所谓的中间立场，必须立场鲜明，即“理应追求真理，是其是，非其非，不可以容忍虚假；理应坚持正义，不容忍道德上错误的事情。大学不可以放弃一些经过长时间实践并证明具高度普适性的价值，那是人类文明社会的底线”。❷

大学青年教师切记一点的是：大学最精彩的地方，就是理想性与纯粹性。如果没有理想，没有对真理与对价值的纯粹追求与向往，大学便不再是大学。大学教师这门职业最精彩的地方，就在于其理想性与纯粹性，如果没有对真善美的纯粹追求与向往，大学教师职业便失去其作为大学教师

---

❶ 清华美术学院著名教授辞职称不适应学术行政化［BE/OL］. http：//learning. sohu. com/20050324/n224834842. shtml

❷ 周宝松．走进生命的学问［M］. 北京：生活·读书·新知三联书店，2012：161－162.

的根本所在。

四、学术与行政：难以适应的体制吗？

★ 明确当大学教师带给你什么

对于大学教师而言，当大学教师为了什么？为了能够获得一份稳定的收入，为了能够跻身于上流社会，这些动机都无可厚非。但在笔者看来，首先，是现代文明的教养的进一步提升——理性、客观、崇尚个人自由与个人价值，遵守游戏规则，讲求诚信，积极参与社会建设，体面而诚实地表达个人意见与利益诉求。其次，大学教师职业带我们一定的洞察力、鉴赏力与思考力，帮助我们获得作为知识分子的品格。最后，大学教师带给我们专业知识和技能，知识分子当然不应该是不学无术，不仅应该具有广博的文化修养，也需要具有过硬的专业知识和技能。最重要的是，大学教师是拥有知识的知识分子，他们的知识对社会秩序和人类完善有着直接的决定性意义。

★ 明确大学工作平台的好处在哪里

自己作为一名不太年长的大学教师，已经深深体会到大学的种种好处：第一，有闲暇。闲暇是一个人自由发展的空间。有时间尽情欣赏各种流行音乐，品味各种哲学家的理论大厦；有时间去感受古代神话动人的真诚与诗意的光辉，领略科幻小说撩人的憧憬与世界的诡奇；有时间去建构纵横捭阖的鸿篇巨制，也可以创作意境潇洒、暗香浮动的闲文小品……可以把自己的禀赋与才情淋漓尽致地发挥出来，而这个最需要的是心境的闲适和安详——这是大学工作平台能给教师的最丰厚报酬；第二，有景致。在局外人看来，大学工作也许是狭窄的。的确，大学教师可能无缘结识那些政坛名流、商界大腕，也可能难得有机会游遍名山大川；而在自己的“陋室”，却尽可以“谈笑有鸿儒，往来无白丁”；也可以领略“书中乾坤大，笔下天地宽”的意趣；当看到年轻的大学生洋溢生命鲜活的脸庞和身姿，教师岂不是更能感受到人性的美好和真实？当教师看到莘莘学子渴求知识的眼神与翻阅图书的情境之时，难道不觉得是一种使人天天向上的怡人景致？第三，不卑微。大学教师也许不太富裕，但是绝对不卑微。在人们眼中，教师是智慧和德行的象征。无论如何，大学教师绝对是一个体面的职业。在众多的职业中，大学教师是一个最易于和事业相统一的。当你对孔夫子自铭“乐以忘忧不知老之将至”的话有更深刻的体会时，你可以酣畅淋漓地在每一节课中发挥思想，可以在貌似徐缓的清谈之中装满渊雅的学识，引导年轻人漫游于哲理和情趣的精神之中，在振奋别人的时候也在振奋自己。“教，然后知困”“知困，然后能自强也”，教师职业是不断完善自我的强大职业。

本章小结

学术与行政：是难以适应的体制吗？回答是否定的。

教师作为特殊的职业，理应明白学术对我们的重要性，理应明白行政对大学办学的必要性，在学术与行政的体制中，明确当大学教师带给你什么，明确大学工作平台的好处在哪里，自然就能很好地适应大学体制。

第十一章

自由，纪律——秩序的把握

大学教师有其特定的职业秩序，维持这个特定职业秩序的两个基本元素是自由和纪律。自由是大学教师的脊梁，纪律是大学教师执业自由的尺度。

一、自由：从心所欲不逾矩

★ 大学教师的自由主要是执业自由

执业自由是指权利主体可自由决定在某种职业内部，以有利于自己的方式、内容来执业，不受国家、其他组织和个人的非法干预。应该注意的是：第一，现实中，执业自由已经为其他类型化的自由所分解或吸收，如大学教师的学术自由、新闻工作者的采访自由等。这就是有学者所称的独立性想象竞合。在相互竞合的各权利之间，内容不相叠，各自独立，在适用上又为内涵补充且平行适用的关系。第二，大学教师属于教师职业群体中的一个重要组成部分，其执业行为有特定的《教师法》约束，这个是教师执业自治的法律范畴，与国家其他公权力一般没有关系。进一步来看，人的生存发展权利是第一位的，而一个正常人在正常社会上得到生存的物质条件必须去工作，工作有效率才能增加社会的物质财富，满足社会的需求。人的天性是热爱自由的，只有自由了，才能发挥其智力和体力的潜能，高效率地去工作。改革开放之前，农民被束缚在土地上，工人、各类服务人员束缚在“单位”里，自由度很低，整个社会处于贫穷状态。改革开放给了农民、工人、商人不少自由，甚至允许当“企业家”。这一“解放”，财富如井喷一般汹涌而出，国家迅速摆脱贫困。今天，教育、医疗乱象丛生，戏称为新的压在“人民头上的大山”，其根源在于教师、医生缺少自由，他们的聪明才智被挤压，他们的工作效率不高，造成社会对教育、医生的需求满足不了，这才是造成上学、看病“难”和“贵”的根本原因。教育和医疗是有点特殊，但由于医教几乎是和每个人都有联系，更需要医生和教师的主动性，更需要走市场之路，即恢复教师和医生自由职业者的地位。

★ 大学教师应有的自由工作权空间

知识本身的复杂和缺乏固定的可操作性，给教师自由探索知识传播知识提供巨大空间。在知识探索与传播状态下，大学教师担当实验员的角色。其作用在于运用基本成熟的知识解决具体问题。基本成熟状态下的知识之不完善，表现在人才培养与科学研究活动中知识的特定的可操作性差。所谓“可操作性差”有很多种表现，包括缺乏具体操作程序和措施，因知识超越学生接受能力而不能落实；因知识运作所需要具备的人力、物力等条件的不具备而无法实施等。知识的可操作性差在人才培养中其实是很明显的。由于知识探索与知识传承在很多方面都不能被某种单一的讲话框架束缚与限定，处理这些知识问题就不得不以教师自身的描述、阐释以及预测为主要依据。在现实的大学教师工作中，依靠教师自身的知识能力处理知识与人才培养，因此，大学教师的知识探索与传播以及人才培养工作就是灵活地把知识揉顺之后去跟学生取得联系。这里的自由工作权不是国家公权力意义上的“权”，而是大学教师行使教书育人权的具体过程中，知识给大学教师留下的做出灵活处理的选择空间。

★ 大学教师工作应有的基本弹性

大学教师在解决知识的探索和传播过程中，知识在教师手中具有极大的弹性，人才培养的程序和培养结果都可以是大学教师和学生围绕知识进行“交涉合意”的产物。交涉合意即大学教师对知识的理解与学生对知识的理解达到合拍。大学教师处理知识并非简单按照知识的限定性含义做出描述、阐释乃至预测，往往是把知识的限定性含义与可能产生的理解结果作为参照系，促使学生接受教师的理解。在很大程度上，大学教师参与到学生中间，成为知识与学生之间的中间人，最后的人才培养结果便是知识、学生与教师三方交涉合意的一个结果。知识与学生可能达成的对知识的理解仅仅是交涉合意的出发点与参照系，而不是交涉的必然结果。在这个过程中，对于大学教师而言，最重要的不是把具体的知识所涉及的事实关系纳入既存的人才培养关系中去的包摄技术，而是以一种很灵活的知识弹性框架为前提协调并形成特定的人才培养关系。

★ 职业自由有助于促进教师谋生能力的拓展

首先，职业是大多数人生存的凭借。生活世界最根本的知识不是玄虚的理论而是常识。生存是人及人类的基本伦理。“人性的首要法则，是要维护自身的生存。”❶ 而人类生存所必需的物质条件，除个别情况下能够指望“天上掉馅饼”或施舍外，主要来自劳动——不管是自己的劳动（如在自然界中获取水、取食、经商等），还是以获得工资报酬为目的的雇佣劳动。据此可以说，假如我们人人享有职业自由，那么这一权利并不只是逻辑上的权利，它更加是日常生活中的权利。为了生活首先需要的是吃喝穿住以及其他一些东西。因此第一个历史活动就是生产满足这些需要的资料，即生产物质生活本身，从这一点上出发，对大多数人来说，如果不是靠出卖自身的劳动力，实际就无法满足基本的生存需要。其次，职业自由提供了拓展教师的生存能力的可能。人类活得要有意义，仅仅谋求“生物性”的生存是不够的，在“活着”的基础上，还要追求“更好地活着”。人类社会的历史承接与发展，在根本上说，就是人类持续不断地追求“更好地活着”的愿望不断得到满足与实现的过程。而这一历史进程，归根结底又得益于人类谋生能力的不断拓展。在某种角度看，人类谋生能力的拓展又表现为由职业自由推动的新职业的不断产生。如今的社会，千万种职业为人类五彩缤纷的生活提供了可能。如果没有职业自由，如果不能

---

❶ ［法］卢梭．社会契约论［M］．何兆武，译．北京：商务印书馆，1980：9.

自由地选择、执行或放弃某种职业，也许人类仍然像两三千年前那样，主要靠单一的农业，生活得简单窘迫。这样看来，在这里所探讨的职业自由的意义，首先不是说公民职业自由本身如何超凡脱俗，而是因为职业自由有助于促进谋生能力的拓展。大学教师也包括在其中。

★ 职业自由有助于维护教师的人格尊严

首先，教师职业是大学教师维护自尊和形成、发展人格的基本前提。对于大学教师而言，职业自由权，具有与生俱来和不可剥夺的自然权利的性质。它是一种与公民独立人格共生共存的应然性权利。据此，经济学始祖亚当·斯密指出："选择任何职业是一种天赋自由。"[1] 根据这句话，对作为公民的大学教师而言，大学教师这一份职业不仅仅是谋生的方式，还可以从工作中发展自我人格，实现自我理想。一般而言，"对人而言不可或缺的自我认同及他人认同在极大程度上是由职场及工作环境决定的"。[2] 所以，职业自由不仅是经济性的权利，也与人格权的形成有着密切的关联。职业自由是经济性的权利，是指"人的尊严以经济上的生存为前提"。[3] 吻合人性尊严的职业生活，除了要有自由，还要有能够自由的本钱。没有经济支持的职业生命谈不上真正的尊严。从这一点出发，对大学教师而言，经济支持来自职业收入。犹如有学者说："在现代社会，拥有一份工作，对于保持一个人的自尊来讲是极为重要的。即使劳动环境令人不快，工作任务单调乏味，劳动也往往是塑造人们的心理及其日常活动周期的一个结构性因素。"[4] 这里的劳动，明显是指职业劳动，有报酬的劳动。可见，职业是人们在所处社会中维持自身独立与承担其所具有的社会职责的一种典型方式。大学教师职业更是如此。

其次，教师职业是大学教师获得尊重与自我实现的重要中介。根据需

---

[1] ［英］亚当·斯密．国民财富的性质和原因的研究（下卷）［M］．郭大力，王亚南，译．北京：商务印书馆，1974：42.

[2] ［德］奥特弗里德·赫费．经济公民、国家公民和世界公民——全球化时代中的政治伦理学［M］．沈国琴，等，译．北京：商务印书馆，2010：19.

[3] ［德］罗尔夫·斯托贝儿．经济宪法与经济行政法［M］．谢立彬，译．北京：商务印书馆，2008：110.

[4] ［英］安东尼·吉登斯．社会学［M］．李康，译．北京：北京大学出版社，2009：638.

要理论，“获得尊重与自我实现是人的高级价值追求”。[1] 经过自由选择并执行职业，一个大学教师不仅可以维护自尊与发展人格，而且可以获得他人的尊重与自我实现。因为大学教师这种职业不仅担负自身日常生活开支的责任，而且还提供在情感、社会、智力等方面自我实现的机会。自我尊重与他人对我们的尊重都是与我们的所作所为、行为方式以及我们在社会中为生存而承担的责任及发挥的作用紧密相连的。此外，在宏观角度上，工作是人类的自我实现。在微观上，自由选择并自由执行职业，本质上是个体的一种自我实现。职业生活往往占据一个人大部分时间，据此可以说，职业是大学教师自我实现和满足的依托。对于一个大学教师来讲，“一天通常是围绕这劳动节奏来组织的。有时候这可能令人感到压抑，但它提供了一种日常活动的方向感。那些不参加劳动的人经常发现无聊是一个主要问题，并且对时间有一种无动于衷的感觉”。[2] 只要有过一定工作经历的人都会产生这样一种体会：工作上的成就和绩效往往可以增强人的自信和抱负。反之，则会使人灰心丧气。在这个层面上看，对于大学教师而言，正是在自己的职业工作中，我们才会强烈地感受到学生乃至社会对我们的需要，也正是在自由选择和执行职业的过程中，我们才获得自我实现的满足。

★ 职业自由有助于教师知识资源的扩展深化

教育作为知识再生产和劳动力再生产的一个重要环节，大学教师作为这个环节中重要的能动要素，只有各得其所，才能各尽所能。换言之，大学教师只有在适合的岗位上，其身上的活力和创造性才会获得最大可能的激发与释放。反之，就会造成知识资源和人力资源的浪费。那么，怎样做到人尽其才，才尽其用呢？历经历史上无数次的制度试错，仍然还是不能抛弃“自由”。其实，对于掌握知识资源的大学教师人力资源，知识资源寓于教师自身，只有教师自身最清楚知道自己的知识技能偏好，才能清晰把持职业。职业技能往往具有一定的专用性。越专业化的职业，其知识资

---

[1] ［美］亚伯拉罕马斯洛．动机与人格（第三版）［M］．许金生，等，译．北京：中国人民大学出版社，2007：28.

[2] ［英］安东尼·吉登斯．社会学［M］．李康，译．北京：北京大学出版社，2009：638.

本或是人力资本的专用性就越强。众所周知，人力资本作为蕴含于人身上的知识、技能不是先天的，而是需要一定的职业训练的。对这些宝贵的知识、技能只有在自由职业场历练的大学教师清楚如何去运用。假如这些个体身上的专用资产不受干扰地被运用，那么这些个体化的职业知识技能就能为个体带来效用。反之亦然。从劳动关系讲，大学教师的职业自由实际上关系到劳动雇用者的正当自由。针对大学教师职业而言，只有保障其享有选择、执行与放弃职业的自由，其身上所拥有的知识技能等资源资本的价格信号才能产生较小的偏差，才能进一步得以扩展深化。

★ 职业自由有助于大学教师育人效能的提升

人才培养效能的提升，一方面来自学习者自身的积极努力，一方面来自大学教师创造性的劳动与知识经营。随着人类生产力水平的不断提升，通过人们创造性劳动所增加与积累的财富则成为人类社会财富增值的主要形式。从这一点看，如果把人才培养中涉及的知识看作是财富，那么大学教师创造性的劳动与知识经营则是知识财富增加与积累的主要形式，这也是大学教师的任务所在。正如费希特指出："所有的人都有真理感，当然，仅仅有真理感是不够的，它还必须予以阐明、检验和澄清，而这正是学者的任务。"❶ 大学教师作为学者的重要组成部分，其价值和尊严，正蕴含于对知识的自由探索与自由追求之中。只有这样，大学教师育人效能才能提升。

二、纪律：必要的规范与秩序

★ 大学教师职业运作的科层式特征

首先，大学组织结构的科层式决定了作为受聘于大学组织中工作的大学教师需要有一定纪律的要求。组织是为了达到一定目标而精心设计的社会群体。目标决定一个组织的存在价值与结构设置。大学的目标是人才培养，这个目标决定大学组织的功能与结构。大学作为一种为国家社会担当

---

❶ ［德］费希特．论学者的使命、人的使命［M］．梁志学，沈真，译．北京：商务印书馆，1997：43.

人才培养的目的而设立的多层级结构体系，其组织架构与典型的科层制特征是吻合的。社会学上的科层制是一种运作于明确的规章制度与程序基础上的等级权威结构。大学实际上也是科层制的典型组织。其实并不是唯有中国大学才具有科层制的特征，只不过因为中国大学的行政化身份而使中国大学组织科层制特别突出。“在科层制中确立一套科层制职业发展的方式，根据职位、资历与业绩，以可以享有的工作年限、有价值的服务等形式来对员工进行晋级、提拔和酬赏”。❶ 大学这种鲜明的科层制特征，使大学根据工作需要划分为较小的部门，大学内部结构的精细化分导致教师的专门化。且大学内部等级森严，对教师实行等级制度，配合严密的行政级别管理制度，将教师的等级与行政级别挂钩。这种严格的等级秩序导致教师之间的上下级关系特别清晰。在这样的科层制框架中，“人们期待制定标准的人进行必要的功利性计算并设计出能够实现组织目标的标准。”❷

其次，大学教师行为的程式化与非人格化。科层制组织导致在科层制组织里的行为程式化。“程式化”就是科层制理论中的制度化。当一个科层制组织成功地吸纳成员，并且得到他们的信赖，能够富有成效地实现其目标，它通常在相对稳定的结构中、在一整套目标和价值观的指导下，形成有序的运作模式。大学教师在这样的科层制框架中，其行为必然打上程式化的烙印，且被这种强有力的科层制驯化。科层制强力的外在制度使组织中的个体可以惯性地完成各种要求，进而使制度内化为个体的第二天性。这种使制度内化为人的第二天性的有效手段是训诫。“训诫是一种关于主宰人的躯体的，从而使之为一定目的服务的方法和艺术。……训诫的注意力主要在于躯体的运动和姿态。目的在于动作的有效性和他人行为的协调性。”❸ 在这种训诫中，会使组织个体的行为产生一种非人格化的特征，即个体行为不受感情和考虑的影响。非人格化奉行的是由“事来管

---

❶ [美] 戴维·波普诺. 社会学（第十版）[M]. 李强，等，译. 北京：中国人民大学出版社，1999：193.

❷ [美] 达玛什卡. 司法和国家权力的多种面孔 [M]. 北京：中国政法大学出版社，2004：31.

❸ [法] 米歇尔·福柯. 规训与惩罚 [M]. 刘北成，杨远婴，译. 北京：生活·读书·新知三联书店，1999：173.

理”，每一个个体被分割成各自独立的部分，要求个体完全排除个人的情感因素，个体在这样的科层制中被物化和原子化。就大学科层制组织来看，必要的规范制度是需要的，但是不应导致大学教师被物化和原子化。

★ 大学教师职业自由的限制

任何一种职业的自由都是相对自由，而非绝对自由。职业自由是有一定限制的。所谓限制，就是划定范围，不得超过、约束的意思。具体来看，就是约束权利主体行使该项自由时不得超过其既定范围。换言之，对职业自由的限制就是对职业自由的克减，就是对权利主体施加某种程度的不自由。对大学教师的职业自由的限制而言，主要是指国家对大学教师选择、执行与放弃职业时所施加的不自由。这样的限制主要体现为以下几种：择业限制、执业限制与弃业限制。择业限制是指对选择大学教师职业时所施加的主观或客观方面的限制，如学历、专业、能力、年龄等。执业限制是指对大学教师职业活动的形式、方法、范围、内容等方面施加的限制。弃业限制是指对大学教师放弃职业时施加的限制，如对大学教师辞职的限制等；主观限制和客观限制。这是对择业限制的进一步细分。主观限制是指对大学教师申请人的资格、特质、能力、技能等的限制。客观限制是指对大学教师职业申请人制定特殊的条件。

★ 大学教师职业自由限制的正当性

一种职业之所以是职业，除了职业特定的自由空间之外，必然有其职业的规范和限制。根据前面的教师职业自由得知：“教师工作中的自主状态具体表现为：按自己的意愿利用和改造外部工作环境的自主性；依照自己的内在本体性要求去支配自身的存在和发展的自主性。但必须认识到，以上两种自主状态都是一定范围内的自主，这种自主要受到教师所处的外部关系的总体制约和限制，即教师工作必须接受教育规律和社会规范的制约。”[1] 这种教育规律和社会规范具体在教育层面就是教育公共性要求和教育秩序性要求。教育规律体现在教育公共性上，意味着大学教师实施职业权利的目的只有为了教育的公共利益才是正当的。为了诸如人才培养、科

---

[1] 吴小贻．教师专业自主权的解读及实现［J］．教育研究，2006（7）：53.

学研究社会服务等大学公共职能的实现，国家可以通过法律规定大学教师行使大学教师特定权利所应当遵守的、于现代大学制度所必要的限制条件或程序。另外，大学教师虽然有较广泛的职业权利，但是这种职业权利具有相对性。诸如教育教学权、开展科学研究和学术活动权、管理学生权、获取报酬待遇权、参与学校民主管理权、进修培训权、改善工作条件和生活条件权、享有与职务聘任、考核奖惩、退休等相应的权利、享有法定节日权和其他特殊权利。这些权利都是相对的。因为这种相对性意味着教师职业自由的限制就是教师在从事教育劳动过程中应遵守的规章、条例、守则等。主要应做到以下几点：要有教师意识并不断强化这种意识；认真学习教师职业纪律的有关规定；在教育劳动中恪守教师职业纪律；从一点一滴做起；虚心接受批评，勇于自我批评，善于改正错误。

三、自由与纪律：难以把握的秩序吗？

★ 自由与纪律的共生共存

自由和纪律既是对立的又是统一的。自由是在纪律约束下的自由，纪律带有一定的强制性，但没有这种强制性，自由也就无法实现。试想如果每个人随心所欲、为所欲为，那么学习环境、工作环境、生活环境、社会环境就失去了正常的秩序，个人的自由保障还能得到保障吗？当然，这是所有人都不愿意看到的。所以，自由只有在纪律的框架内，遵守相应的游戏规则才能得到充分的发挥。另外，从另一个角度讲，纪律只是约束违反纪律的人和行为，只要不违反纪律每个人都会有充分的自由。

在强调纪律的同时，我们也不能偏废自由的重要性。教师是促进学生长身体、长知识的主要职业引领人，如果这也不行那也不行，到处都是条条框框，必然会压抑教师乃至学生的个性，不利于教师职业的发展，也不利于青年人敢想、敢说、敢干、敢闯等特长的发挥，如果教师与教师所引领的年轻学生个个像呆若木鸡的小老头，也会影响他们的成长。总之，自由和纪律缺一不可，没有先后和轻重之分。

★ 个人自由与集体自由的共生共存

捷克大教育家夸美纽斯说过："学校没有纪律，便如磨坊没有水。"也有人说："一个不遵守纪律的民族，必定是一个没有自由的民族；一个不遵守纪律的学校，到最后，只能是一所最没有自由最没有生机的学校。"这句话实际上揭示的是教师个人自由与集体自由的关系。教师的个人自由一定要和整个教师以及学生集体的自由结合起来。影响了整个集体的自由，也就影响了集体中其他人的个人自由，归根到底，于个人也是不利的。因此，我们要在集体活动中，正确处理个人和集体的关系，要自觉承担自己对集体所负有的义务和责任。在集体生活中，集体自由是个人自由的前提。这正如马克思所说："只有在集体中，个人才能获得全面的发展其才能的手段，也就是说，只有在集体中才可能有个人自由。"在集体生活中，我们要看到这种集体自由和个人自由的一致性。但是，在具体场合，两者之间难免发生矛盾。这是不是就要为集体自由牺牲一定的个人自由？是的，必要的牺牲是不可避免的。但这种牺牲不是个人自由的全部，而只是与集体自由不相符合的部分。我们也反对只强调纪律、只强调集体的自由，而否定个人自由。在共同纪律前提下，个人有权发挥主观的创造性、积极性，选择个人的生活爱好，发展自己的业余兴趣。

本章小结

自由与纪律：是难以把握的秩序吗？回答是否定的。

大学教师这种职业有其特定和较宽的职业自由和职业空间，教师在其中要遵循从心所欲不逾矩的法则，坚守执业纪律这个必要的规范与秩序，做到自由与纪律的共生共存和个人自由与集体自由的共生共存。

第十二章

职业，专业——扣准方向感

大学教育有两个基本的目的或使命，其一是教导学生学会好好生活，活出丰盛幸福的人生；其二是教导学生学会共同生活，共同建设公正和谐的社会。而这两个基本目的，就是大学青年教师从职业入场一开始就应该树立的职业者形象与专业者形象。

一、职业：作为职业者的教师

★ 大学青年教师理应树立的职业形象

教师的职业形象是人们对教师作为一种职业、一个从业者，在社会系统和职业体系中价值定位的表征。教师职业价值包括外在的社会价值和主体自身价值两个方面。大学新教师从一入职开始就应该树立起提高自身职业形象的意识，加强自身理想形象向实际形象的转化，消除组织期待和教师角色认同之间的矛盾乃至冲突。关键是要在提高自身的教育形象的同时，将自身选择的教师职业提升成为现代职业体系中一种真正的专业，从而使大学教师职业从一入职开始就实现社会价值和主体价值的均衡，建立现代大学教师的职业形象。

一般来看，无论是从专业标准，还是从现代社会职业发展的特征来看，职业形象的改善和提升过程，就是增强职业专业性程度的过程。专业标准说的是这个职业的不可替代性以及社会作用的高低；职业形象说的是这个职业的满意度和吸引力，折射社会成员的择业取向。两者结合起来，构成教师的职业形象以及在现代职业体系中的职业竞争力。大学新教师从一开始就要从以下一些方面进行职业形象的更新——朝着专业性程度高、满意度和吸引力强的职业形象发展。

★ 职业形象发展离不开专业标准的提高

首先，提高学历层次与教师的入职标准。这些年来，中国大学新教师青年教师的入职门槛，在其学历标准上已纷纷采取强力措施，推行高学历化。这一点上，是吻合世界大学教师高学历化的趋势的。发达国家早已如此操作。如美国，早在 1986 年就提出："不论是大学生的普通教育，还是对教师素质的提高，有一点是一致的：教师们必须再一次成为社会上最受过良好教育的人。"[1] 这就决定大学教师的高学历化成为必然。从 1999 年开始，随着我国"普九"目标的基本实现，教师的学历达标和数量基本满足九年义务教育的需要，国家适时地提出教师教育的学历升级的目标和步骤，努力在 2010 年基本实现由"旧三级"向"新三级"教师教育的提升。为实现党的十六大提出的全面建设小康社会的奋斗目标，2003 年全国教师教育工作会议进一步确立：到 2010 年，基本形成以本科院校为具有依托的专科、本科和研究生三个层次，以本科和研究生为主的教师教育新格局。这标志我国教师教育的学历层次和教师职业的入职标准将有质的提高。[2] 从 2010～2015 年，我国教师教育的学历层次和教师职业的入职标准已经有了明显的提升，且这个趋势在持续加强。

其次，需要形成大学新教师的专业技能。大学教师专业标准的提高，不仅需要学历水平的提高，而且需要大学教师获得本专业所需掌握的特殊知识和技能——教育专业知识和技能，形成自身专业优势。为此，志愿当大学教师的人进入大学，需要进一步接受系统专门的教师专业教育。这样，使大学新教师成为在学历教育基础上的教师资格教育。实现大学教师

---

[1] 国家教育发展研究中心．发达国家教育改革动向和趋势（第二卷）［M］．北京：人民教育出版社，1987：294.

[2] 阮成武．主体性教师学［M］．合肥：安徽大学出版社，2005：117.

的专业化，首要的是必须加强大学教师资格准入制度本身的完善，具体做法是："加强教育教学能力的考核、对科研能力有明确的规定、建立全国统一标准、实行定期认定。"❶ 从而在制度源头、从根本上提高大学教师的专业水平，使教师拥有和掌握一套特殊的教育专业知识和技能，增强其教师专业的不可替代性和职业竞争力。

作者试图对大学教师专业化、高校教师资格准入制度、高校教师聘任制改革、独立学院师资配置以及地方高师院校教师教育模式等一系列问题进行深入考察和解读，探寻蕴藏在大学教师专业化过程中的内在的、本质的和必然的因素，以期为加快我国大学教师专业化建设尽一份绵薄之力

★ 职业形象发展离不开专业地位的提升

所谓专业地位，是将大学教师职业提升成为一种真正的教师专业，并以此重新确立大学教师职业的社会地位和学术地位。显然，这涉及对教师职业价值的重新认识以及社会资源的重新配置。"如果不采取措施使教学工作成为更有吸引力的职业，那么，不管是提高教师的标准，还是大力改进教师培训工作，都必然是徒劳的"。"要吸收那些最有才华的大学毕业生来从事教学工作，学校就要给予他们与全体专门职业相同的工资待遇和相

❶ 王世忠. 大学教师专业化与地方高师院校人才培养模式研究 [M]. 北京：世界图书出版公司，2011：70-73.

同的工作条件。”❶ 因为“必要的生活资料也是必要的德行资料。”❷ 物质资料是劳动者物质生活幸福的前提，这是毋庸置疑的。物质上的支持对于大学新教师是必要的，物质支持确实能够对大学新教师的职业追求起到更大的激励作用。与此同时，大学教师专业地位的提升，还应包括大学教师享有必要的专业自主权。这意味着，一方面，大学教师作为专业人员，社会和公众更加信赖他们并委以更重要的责任。教师应当以主人的姿态对社会和公众高度负责；另一方面，大学教师将对专业活动获得充分的专业自主，像医生那样享有独立“处方权”。

★ 职业形象发展离不开专业发展的实现

大学教师职业形象的提升，最终也最为关键的是，教师自身专业水平的提高以及教学质量和绩效的改善。也就是说，大学教师个体的专业发展，始终是其职业形象提升的核心，也是其专业化以及教育改革成败的关键。从教师形象转变和提升的历史看，西方国家 20 世纪五六十年代的“工会主义”和“专业主义”试图争取教师专业地位和权力集体向上流动的努力并没有取得成功，甚至遭到广泛的质疑和批评，成为一些人诋毁教师专业化的把柄。其共同的问题在于没有发挥教师自身的主体作用，未能促进教师专业水平的提高和教学质量的改善。因此，自 20 世纪 80 年代开始，教师专业化开始将专业发展作为主要的目标取向，只有通过改善和加强教师教育，不断提高教师的专业水平，才能使教师真正成为受人尊敬、具有较高社会地位的专业人员。要实现大学教师专业发展，需要从大学外部与内部两方面建构一系列的路径。“从外部来看，第一，发挥政府的宏观管理作用，理顺政府与大学的关系；第二，加强法律建设，规范学术研究活动；第三，充分发挥民间组织的作用；第四，规范大学外部学术评价制度。从内部来看，第一，发挥大学教师在良性学术生态建构中的主体作用；第二，建立跨学科研究中心；第三，为教师提供学术休假，使教师有

❶ 国家教育发展研究中心．发达国家教育改革动向和趋势（第二卷）［M］．北京：人民教育出版社，1987：295.

❷ ［德］费尔巴哈．费尔巴哈哲学选集（上卷）［M］．上海：三联书店，1959：570.

时间反思教学和科研工作。”❶

二、专业：作为育人者的教师

★ 大学青年教师理应树立的教育形象

大学教师的教育形象是由人们对于其作为教育者或育人者的行为规范和行为模式的角色期待以及大学教师自身的角色实践构合而成的，与大学教师的角色及其素质有关，表现为大学教师的知识形象、道德形象和实践形象等。所谓专业，就是一个大学教师在知识形象、道德形象和实践形象方面无人能够替代。

★ 大学青年教师理应树立的知识形象

“一所大学能否培养出高质量的人才，关键在于学术水平与教师质量。”❷ 而这种学术水平与教师质量主要通过教师的“知识能力”体现。因此，办好大学，首要的任务是要拥有一支富有“元知识、硬知识与软知识”三维知识能力的教师队伍。

元知识就是回答知识是怎么来的问题的知识。作为大学教师，作为人才培养与科学研究的根本主体，要把目光放得更远一些，即不仅关注“知识是什么”，而且必须关注“知识是怎么来的”以及“知识的效度如何”，这样，大学教师才会对自身所依托的专门学科专业知识有全面深刻的认识，如此对知识的运用也会更加富有成效。大学人才培养与科学研究的职能发展到今天这个时代，要求大学教师对专业知识领域不能仅停留在“知道”的层面，因为使用先进的搜索引擎谁都可以马上知道。作为专业学科领域，应该知道得比较深刻，在深度了解的基础上，再对人才培养过程中的现实问题提出有效的解决办法。因此，这就需要大学教师掌握更深的知识方法与知识观，进而对某个学科专业领域的知识进行深入的了解、研究与证成，为知识找到科学可靠的证据，迅速积累自己的元知识体系。在这个角度可以从另一个层面进一步回答什么是元知识以及知识是怎么来的问

---

❶ 耿益群．自由与和谐——大学教师学术生态研究［M］．北京：知识产权出版社，2011：306－316.

❷ 张冀星．大学教师的天职［J］．现代大学教育，2013（3）：1.

题，即：元知识就是通过特定的知识观与方法去证成之后找到科学合理的证据的知识。

“知识是在一个给定的客观层次上点点滴滴地逐步积累起来的。”❶ 每个学科知识体系里有大量的客观而真实的点点滴滴的知识，这些知识需要教师花费大量记忆。在任何一个阶段的学习中，包括大学教师在学科研究与备课上课的过程中，这些知识点往往成为学习的重点，给记忆造成大量的负担，又耗费大量的时间，这一类知识就是实实在在的知识点，即硬知识。硬知识可以借助元知识的帮助有效梳理各种信息，从而极大节约学习时间成本。前述说，元知识是回答“知识是怎么来的”问题，那硬知识回答的是“知识是什么”或者“知道了什么知识”的问题。硬知识就是那些通过证成的具有充分证据的事实性的知识点。知道了无数个知识点后，可以把这些结构化的知识点串联起来最终获得结构力。“教师必须懂得所教的知识才有可能成为优秀的教师。”❷ 不仅要尽量多地懂得所教的知识，更要知道所教知识之外的知识，然后把这些诸多具体的知识形态、知识点组成知识结构和知识运作机制并产生一种合力。有了这种硬知识所产生的合力，教师便可通过自己的感官输入构筑自身的现实感，具体来看，就是通过看、听、闻、尝，而且在脑子里把所有感觉联系起来，建立自身所认为的世界运作模式。在这种结构化的硬知识面前，教师的大脑既是存储器，又是处理器。存储在教师头脑中的硬知识，其“硬”的特性决定了“他们在教学中提出的或者在研究中得出的陈述应该尽可能真实，应该立足于系统收集的和经过分析处理的证据，应该考虑到本专业领域的知识结构”。❸

知识并不是自给自足的，它不会自行增长。只有积极地追求知识并且将知识运用于教学实践中，才能使知识教学保持活力。而使知识教学保持活力需要教师有一定的技巧，这种技巧性的知识可以称为软知识。软知识

❶ ［美］肯·贝恩．如何成为卓越的大学教师［M］．明廷雄，彭汉良，译．北京：北京大学出版社，2007：17.

❷ ［美］肯·贝恩．如何成为卓越的大学教师［M］．明廷雄，彭汉良，译．北京：北京大学出版社，2007：17.

❸ ［美］爱德华·希尔斯．教师的道与德［M］．徐弢，等，译．北京：北京大学出版社，2010：2.

为教师的教学实践活动提供了智力支持与行动指导。可以技巧性地“运用一些具有煽动性的行为、问题或陈述，有意识地设法去捕捉学生的注意力”。“教书首先是关于如何控制注意力和保持注意力。”❶“教师的重大技巧便在于集中并保持学生的注意力，只要做到了这一点，他就一定能在学生力所能及的范围内，使学生取得最大的进步。”❷ 为了让学生达到这个目的，教师应该让学生理解所教东西的用处，要让学生明白，借助于所学的知识，他便能够做自己以前不会做的一些事情，进而获得某种力量与实在的优势，使他胜过那些不懂得知识的人。而教师要具备这样的技巧与能力，就必须在真正掌握元知识与硬知识的基础上，把元知识与硬知识放在教学实践与人才培养活动中反复尝试、调整，直到理论知识和自己的经验相匹配，这样才能让元知识与硬知识成为自己随机应变的软能力。

★ 大学青年教师理应树立的道德形象

“教育是与灾难的一种赛跑，不管我们未来会遇到什么样的灾难，教育可能是把人从灾难中拯救出来的最后一个方法。”❸ 如果人生的确是一个“多苦少乐”的人生，如果人生意味着要直面人生应该有的痛苦与磨难，那么，人需要通过教育得到拯救，并能做到“能苦会乐”。这个教育目标的实现需要通过教师来支撑。教育中的教师之所以有这样的能量，是因为，17 世纪英国教育思想家让·盖拉力（Jean Gailhard）说：“教育是匡正和厘清人的本性中出错的地方的根本。要改成我们所需要的人性，只有经由教育的改造。”❹ 进一步看，需要大学教师树立起道德形象，最根本的理由是正在成长中的学生们在学习的过程中存在一种极为危险的倾向——“孩子们和猿猴一样，爱去模仿他们所见到的一切，不管是好是坏，神志没有吩咐他们去做，也是一样；由于这个缘故，所以他们学会运用他们的心灵以前，先学会了模仿。”❺ 而“德性是由经常做正当的事情学

---

❶ ［美］肯·贝恩．如何成为卓越的大学教师［M］．明廷雄，彭汉良，译．北京：北京大学出版社，2007：115.

❷ ［捷克］夸美纽斯．大教学论［M］．傅任敢，译．北京：教育科学出版社，1999：174.

❸ 邓康延，梁罗兴，等．盗火者：中国教育革命静悄悄［M］．北京：新星出版社，2014：73.

❹ 徐贲．听良心的鼓声能走多远［M］．北京：东方出版社，2014：序言 6.

❺ ［捷克］夸美纽斯．大教学论［M］．傅任敏，译．北京：教育科学出版社，1999：168.

来的。”❶ 带领学生们去做正当的事情，首先就需要教师是一个“正当之人”，即有德行之人，有德行就有了道德形象。

这种道德形象是教师作为教育者应当模范具备的思想、道德和行为以及作为职业者从事教育教学活动过程中的思想和行为规范的总体。这种道德形象包括“作为一个人的教师”对于学生的道德表率作用——师表形象，“作为一个教师的人”在教育活动中的职业道德——师德形象，以及作为“普通人”和“职业人”基本的人格形象。师表形象体现的是教师作为一个普通人的道德，遵循一般的伦理规范；师德形象是教师作为一个职业人的道德，遵循特定的职业伦理。而人格形象则是两者的一种内在整合，它们是相互联系和一致的，不可能各自单独存在和发挥作用。总之，大学教师需要掌控一个道理：“教育消费不同于其他消费，教育产品也不同于其他产品。教育消费是道德消费，教育产品是一种道德产品，学校因为道德而拥有生存的理由，也因此获得竞争的条件。不道德的学校根本没有未来，这无须证明。”❷

★ 大学青年教师理应树立的实践形象

知识形象和道德形象折射的是教师形象中“师”的一面，而实践形象折射的是教师“教”的一面，与教师的教育教学能力相关。无论是知识形象层面的“知识”，还是道德形象层面的“道德”，都需要落实于“行动”当中去才有力量与价值。正如甘地说：“如果没有落实到行动，思想又有什么意义?”❸ 可见行动与实践的重要性有多么重要。华东师范大学钟启泉教授研究认为，实现教师专业化的三个基本条件是：“理性的教师形象的确立、教师教育制度的创新、教育科学的改造与发展。”❹ “理性的教师形象”是关键，而教师的“实践形象”是最接近理性的本义的。理性有三种，一是目标理性，也就是所谓的“工具理性”。它强调的是“知道如

❶ ［捷克］夸美纽斯．大教学论［M］．傅任敏，译．北京：教育科学出版社，1999：167.

❷ 郑杰．改造学校待何时：另类校长一家言［M］．上海：华东师范大学出版社，2005：60－61.

❸ ［美］斯科特·派克．少有人走的路：与心灵对话［M］．刘素云，张兢，译．北京：中国商业出版社，2013：52.

❹ 钟启泉．教师“专业化”：理念、制度、课题［M］．教育研究，2001（12）：14.

何”，但不能寻求为什么以及应该如何。二是系统理性，这是基于控制论的一种理性模式。系统理性试图把人们“应该做的”那些事控制在确定状态下，这应该说是一种十分理想的状态，可是这并不具有可操作性。因为社会和政治的情况非常复杂，系统理性是无法真正实现其目的的。三是实践理性，这是一种不断评估和调整的理性模式。实践理性注重沟通和人机关系的构建，它能够适应各种特定的条件，这种理性是可解释的、实用的，并通过对话、互动和目标确定等调整决策。从实践理性出发，教师虽然是一个知识者，但“教师不再是知识权威的代表，而是一个解构者，从而对教育情境和问题解决进行一种价值评判与反思；教学过程的基础不再是教育科学一般知识、模式和技术，而是教师通过日常教育实践的创造与反思过程获得一种‘实践性知识’。”[1] 在这里之所以如此重视大学教师的实践形象，是基于“实践理性”的。实践理性的逻辑前提是：“事实”是实践的产物。所谓的“事实”是在特定的语境下被描述的，并且总是在特定的历史背景下被解释，所有的事实都是大量的历史偶然性在特定社会实践条件下形成的。假如我们将“事实”从特定的语境和历史背景下剥离出来，那么这个事实已经不是原来的那个“事实”了。因此，实践理性要求大学教师将主要关注和思考“如何才能正确地理解所面对的问题”以及“如何才能以有效的方式行动”等这些更有实践价值的问题。据此可以讲，“理性实践者”的大学教师形象代表专业化及其实践形象的一种发展趋势。因为，通过实践、探究和自我监控，大学教师走向一种专业自主和不断创新，形成系统的个人化的教育知识（实践性知识或前文中说的软知识）与教学专长，成为一种专家型、研究型和创造型教师。

三、协作：创设协作的支撑体系

★ 服务于教师的“教师教学发展中心”素描

“教师教学发展中心”（有的大学叫教师成长中心，也有的叫教学促进中心，但大部分叫教师教学发展中心），一个对中国大学与大学人很新鲜

---

[1] 阮成武．主体性教师学［M］．合肥：安徽大学出版社，2005：113.

的机构。

“教师教学发展中心”，按照它的基本功能，是一个推动教师教学发展的场所，是一个服务于教师发展的地方——这里不仅仅单纯是一个机构，它更是一个专门探讨以各种灵活方式服务于教师职业发展与专业发展的学术型场所。它与大学的人才培养功能一样，教师在这里培训、浏览、咨询、交流，在这里成长，这是一个漫长的、反复学习并且夹杂着强烈成长心理的学习教育过程——也许是大多数教师在忙于自身教学、科研工作的同时还要抽出时间与精力进行长期学习的过程，在这个长期的学习过程中，教师们细细分辨，察言观色，不放过任何一个使自己成长发展的机会。“教师教学发展中心”充斥着多元化的教师培训学习成长形式，在这个灵活多元的教师成长空间，教师被当作真正的主人，他们被各种人性化的培训模式热情包围。在目前的大学内部机构中，没有哪一个机构像“教师教学发展中心”那样认真对待教师的成长问题——当然，这也是国家相关文件对教师发展特定周期的全员培训理念的折射。“教师教学发展中心”针对某一特定教师群体设计恰当的培训模式，每一个过程都是一个细致、用心的过程。

就个人而言，“教师教学发展中心”是一个具有漫长周期的教师服务场所，对于其专门设计教师成长模式与渠道的工作人员来讲，必须对所有细节都清晰设计。这样才能确定是否要进行教师培训或教师学习，因此，“教师教学发展中心”的工作，似乎在一定程度上有意无意地将其工作模式的效应或周期性拉长。另外，就教师的职业发展生涯来看，“教师教学发展中心”也是一个长期的培训场所。教师职业生涯的最大特点是“重复性”与“周期性”，即人才培养的长期性决定的。而这种年复一年、日复一日的教师职业劳动，时间一长必然会产生职业倦怠。“教师教学发展中心”的能量在教师职业倦怠或职业生命萎缩的时候爆发，拉长教师的职业生命，让教师的职业生命充满专业化的色彩。在这个层面上讲，“教师教学发展中心”作为一个部门，它的生命的长短便一目了然，“教师教学发展中心”是永久性的、充满价值的、可以再生的。总之，“教师教学发展中心”是一个长久场所，尽管它所提供的教师发展服务作用不是一劳永逸的，但是这个作用的发挥永远不会消失，只要有教师职业存在。就这一点而言，“教师教学发展中心”与大学里的其他关键性机构一样，其命运不是掌握在这个部门的工作人员的手上，而是掌握在这个部门所依赖的教师职业发展之路上。“教师教学发展中心”依附于所有教师的职业发展生涯，同时也保卫着教师发展的动力。当在“教师教学发展中心”的辅助之下，诸多不同阶段的教师各自获得自身职业发展动力的时候，“教师教学发展中心”的使命也仅仅是一个阶段性的完成，下一个阶段，它将为了使教师职业发展增添色彩而充满希望。

“教师教学发展中心”是教师职业发展的灵魂，是教师发展与成长的传动器，是教师职业通向专业的中介，夸张一点说，一定程度上是教师职业是否能顺利发展的决定性场所。一个不懂教师职业为何物的教师，一个可能在传道、授业、解惑过程中僵化的教师，需要通过“教师教学发展中心”加以提升。“教师教学发展中心”，作为一个运转不久的场所，其功能性波及整个教师职业群体。这是一个活跃的场所，是让整个教师职业生命活起来的场所。我们可以说，这是“教师教学发展中心”的使用功能远远超出了它的研究、培训、咨询甚至评估的功能，而变成了一个具有巨大价值符号的场所。教师及其职业成长的本质，需要通过“教师教学发展中心”这个空间折射出来——这也是衡量“教师教学发展中心”价值的最根本砝码。

这种价值具体需要在“教师教学发展中心”开展工作中演绎为三种真正为教师职业发展增添动力的力量——架构由理念引领的教师培训、建构有适切内容的培训、产生切实有用的培训。如此，“教师教学发展中心”虽然作为一个大学内部的新生机构，仍能很快博取声望与等级。所谓等级就是一个人拥有多少观众的社会声望。“教师教学发展中心”的等级就是其拥有多少教师观众的组织声望。也只有如此，“教师教学发展中心”则成为教师职业发展中的一个氛围，一种格调，一种符号，便能越过培训实用主义的沟壑。

这应该就是诞生于21世纪第二个十年开始之初的中国大学内部的“教师教学发展中心”的基本命运。尽管从“教师教学发展中心”这个单纯的物理空间来看，也许在这个物理空间中并没有我们肉眼看出的实在内容，教师也不能从这些内容中获得发展，“教师教学发展中心”这个物理空间能帮助教师职业成长的东西应该是一个微缩的“教师职业发展模型”。要靠这个模型通过各种灵活的学习形式与培训形式真切地保持教师职业的特性、增添教师发展的实在动力，促进教师成为一个真正的教师。

这就是“教师教学发展中心”作为一个教师职业发展符号应该具有的使命意识与角色扮演，在自身的角色扮演中承载着教师职业的辉煌发展。今天，“教师教学发展中心”如雨后春笋般地从全国所有985大学、211大学、一般院校中涌现。尽管它是一个新生机构，但是一个教师职业生活中的晴雨表，也是整个教师职业发展的传动器——它囊括教师整个职业发展的全部。“教师教学发展中心”的命运，就是教师职业的命运，它的发展伴随每一个教师，至少是一所特定大学内部的每一个教师！

★ 提升教师培训师的培训水平

首先，教师培训师既要是理论家又要是实践家。培养这样的专业培训师充满难度。既要有理论家的知识功底与思维框架（知识生产者），又要有实践家的实践体验与灵动睿智（知识消费者）；不是单纯的理论家，也不是单纯的实践家，他们需要上通理论下达实践；他们需要在理论和理念的高度上直面实践中的真实问题，为受训者提供系统的解决方案，这些方案不仅仅能指出方向，还能给出方法。

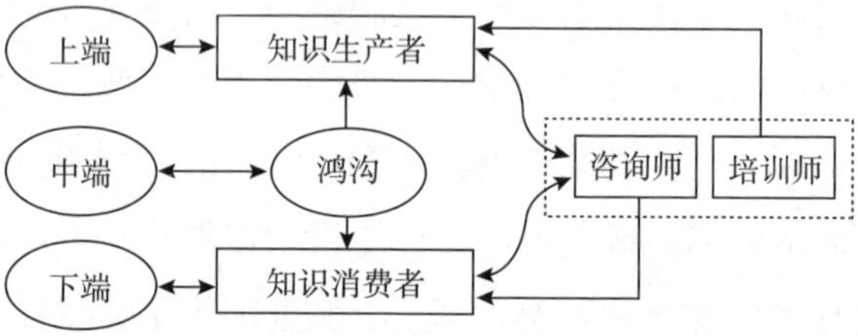

而大学部分教师渴望的是解决问题的知识与经验，这主要属于“消费知识”而不是“生产知识”。教师培训师的水平在于提供这样的知识。

其次，提升教师培训的有效性。教师培训有效性的核心问题是要使教师本人愿意接受培训。如果教师渴望发展动力强劲，那么即使授课人的讲课枯燥些也无所谓。教师本身对培训的态度至关重要，培训组织者首先要思考，教师到底愿不愿意参加培训，然后，才考虑教师愿意接受什么样的培训与怎么样去培训。

四、求索：贯穿职业生涯始终

★ 喜欢做什么？——职业兴趣

兴趣（interesting）来源于拉丁文词根“inter”，后面加上了代表最高级的“est”和代表当下的“ing”。其意思就是，兴趣就是我们以最高级（est）的形式投入到当下（ing）事情之中（inter）去。换言之，兴趣就是让我们完全投入到事物与事情之中。当我们真正完全投入到当下的事情之中时，不管这个事情多么简单卑微，我们都能感到无穷的乐趣。正如赫拉特说的那样：“爱使一个人适于从事任何工作。”兴趣的作用非常巨大。当我们能够从事自己感兴趣的工作，我们会觉得时间过得特别快，尽管辛苦，却觉得喜悦与满足。而当我们从事不感兴趣的工作，就很难提起精神。在实际工作生活中，很多人仅仅是因为懒惰或懦弱，勉勉强强地做着自己不感兴趣的工作，一做就是一辈子，直到离开这个世界时才幡然醒悟，发现自己工作的每一天都不曾快乐，不曾获得成就感，一辈子做着自己不感兴趣的事情，讨好自己并不真正关心与喜欢的人，这简直是一种人生的悲剧。这就是不感兴趣导致你不会全情认真投入的原因。有了兴趣之后，我们自然就会投入去做自己感兴趣的事情，有了投入，就会产生快乐，进而才会由“兴趣”上升到“乐趣”与“情趣”。之后，我们才能获得真正的快乐。

★ 能够做什么？——职业能力

能力所要回答的根本问题是：你能做什么。任何能力都可以用四个方面的能力所区分并包揽：知识型能力、操作型能力、效率型能力与思维型能力。

第一，知识型能力。知识型能力是指拥有知识所彰显出来的一种能力，其特征是“懂”。判断“懂”的基本标准是“广度”与“深度”，也就是掌握知识的广度与深度，只要具备一定广度与深度的知识，就说明掌握了知识，也就成为知识型人才。知识，是最容易学得的，也是在相对短暂的时间里就能够掌握的。但也就是因为知识的这种易学得性，决定知识是一种最天生不具备迁移能力的，如尽管一个人读到了医学博士，获得了博士学位，也照样不一定会做麻婆豆腐，“隔行如隔山”这句俗语所折射出来的正是知识的差距问题，也正是指知识的局限性问题和知识型能力的局限所在。

第二，操作型能力。操作型能力是指善于把拥有的知识与实践相结合达到客观目的的一种能力，其特征是“会”。判断“会”的标准是“能够操作”和“能够完成”，且操作得熟练、完成得熟练，操作得专业、完成得专业，熟练程度与专业程度能够说明操作型能力的高低。知识与技能的最根本差别是，技能是以“熟练与否”为判断标准。技能没有知识那种懂得不懂得或知道不知道的特征。技能的神秘性在于，任何人刚刚接触技能的时候，都是笨拙且滑稽的。如尽管任何一个四肢健全的人都能骑上自行车，但是并不是任何一个人从一开始骑上自行车就能自如地让两个轮子平稳地运行起来。虽然能够明白汽车驾驶位置的操作部位与功能，但是如果不经过特定时间的练习，谁也不会一开始就能开车。知识能学得，技能只能习得。技能习得需要经历漫长的笨拙期，假如我们不接受自己笨拙的开始，我们也就永远学不好任何技能，这是任何天才都需要认识的技能特质，熟练程度与专业程度恰恰是长时间的练习与坚持而获得的，熟练而专业的操作型能力来源于“十年磨一剑”、来源于“梅花香自苦寒来，宝剑锋从磨砺出”。也正因为很多人不愿意接受技能习得的笨拙期，因此很多知识掌握者与知识优胜者往往不能走入技能的练习场域。根据社会大部分职业发展所需要的技能来看，操作型能力其实可分为“通用操作型能力”（如沟通能力、人际交往能力、执行能力、整理能力、一般普遍的管理能力、销售能力）与“专业操作型能力”（如机械修理能力、手术操作能力、尖端科技能力、精密仪器分析操控能力等），而“通用操作型能力”在一个人的职业场域中可占70%，“专业操作型能力”在一个人的职业场域中可占30%。从这个比例出发，培养人的操作型能力首先得从通用操作型能力入手，这个也许就是现代教育强调“通识教育”的原因所在。

第三，效率型能力。效率型能力是指能用更少的时间与更小的投入达到客观目的的一种能力，其特征是“快”。当我们拥有一定广度与深度的知识，并且能够把知识熟练地应用到实践中，经过循环往复的学习与练习，先前所掌握的知识与技能就会得到进一步的内化，升级为另外一种能力——效率型能力。如电脑打字能力，刚学习的时候需要盯着电脑的键盘，经过一段时间的熟悉与练习就不用再看键盘，就像说话张嘴就能说而不用考虑发音，骑自行车经过熟悉与练习后不再想着如何保持平衡，这种已经不需要再花更多时间与投入就能完成的技能，都来源于反反复复的练习，进而成为不知不觉的一种能力，即效率型能力。这种效率型能力一旦掌握，就可以很快迁移到其他领域中去。

第四，思维型能力。思维型能力是指能自动、收放自如地想到别人想不到的东西而彰显出来的一种能力，其特征是“深”。前述三种能力最终能够融通起来，那就升级为思维型能力。到了思维型能力，各种能力之间的界限已经被打破，不仅是能力的界限，各种职业与工作中培养起来的能力都会蔓延到我们的思维之中，成为一个灵活而理性的思维体系。这个时候，人就很容易成为某个领域的高手，也很容易在其他领域变得优秀，之前一个领域的优秀，然后再带着这些“深刻”的能力去学习新领域的知识、思考如何操作新领域的东西、思考如何能用更少的时间与更小的投入达到客观目的，这就自然达到一种一通百通的局面。当一个人历经知识型能力、操作型能力与效率型能力真正上升到“思维型能力”时，就进入了能力的全貌，从这个角度来解释“大学教育或大学的学科学习有什么意义”的问题就会容易得多。大学的教育或大学的学科学习不仅能让大学生获得知识成为知识型人才，还能够在知识的基础上训练操作和效率，最终训练思维。尽管以后大学生不从事自己所学学科专业的相关行业，知识、操作、效率也能在一种自动自发、收放自如的理性思维带领下迁移出来并用到其他工作上，并且加速一个人在新的领域的知识、操作学习的速度。

大学教师，应该从这四个方面建立自己的能力，一方面一方面地建立起来，最终形成一个能力体系。也需要从这四个方面去认知自己的能力倾向，便于明白自己究竟能够干什么。只有有了这些能力或明白自己的能力强项，才能追求内心召唤的事业。

★ 最看重什么？——职业价值观

只要是正常人，都会有自己的价值观。在核心本质上，价值观就是你觉得做什么是对的、有意义的。价值观最后形成一个人的心智模式。这套心智模式像一套大脑内部程序一样，驱动我们去判断好与坏、真与假、善与恶、美与丑等，驱动我们经常去问“为什么活着”与“我该如何存在?”的问题，尼采说：“一个问‘为什么活着’的人能够忍受任何的生存方式。”这套大脑程序驱动我们的本能系统去建设与发展一套独特的对世界的假设与认知，对外界的反应形式……这些假设和程序指挥我们的每一个行动。具有相对稳定且健康的心智模式，其价值观就是清晰、干净的，并且是直接指向目标的。这套大脑程序也会滋生出一个人的心态，心态是心智模式运算的结果，基于心智模式改变心态，建构出一套良好的心态。当然，这种心智模式与心态，都有着自己的局限性，要根据时势与环境的变化调整自己的心智模式与心态，升级自己的心智模式。只要是有效的价值观与心智模式就是吻合我们所追求的意义。

五、职业专业化与专业职业化：大学青年教师会好吗？

★ 成为有魂灵的大学教师：青年教师自然会好

本章的开篇指出：大学教育有两个基本的目的或使命，其一是教导学生学会好好生活，活出丰富幸福的人生；其二是教导学生学会共同生活，共同建设公正和谐的社会。然而，我们如果留意一下今天的大学，我们就会发现这两个基本的大学使命基本已被忘却。所有的大学都在拼命竞争，争排名、争资源、争学生，然后又不断地迫使自己的学生拼命竞争，争成绩、争工作、争名位。很少有人会停下来问：这样的竞争，真的令学生活得幸福？这样的竞争，真的令我们的社会变得更加公正？大学青年教师从职业入场开始就应该看到这样的问题所在，并为扭转这样的局面而贡献自己的一份才智。

★ 成为有眼光的大学教师：青年教师自然会好

《有眼光的人有未来》，这本书是写给那些还处在迷茫状态中的年轻人的书。《有眼光的人有未来》详细而生动地讲述了李彦宏、张朝阳、李嘉诚、李宁、史玉柱、理查德·布兰森等24位成功人士从平凡到伟大，从人生的低谷到书写传奇的经历。通常夸奖一个人，总是会说他眼光不错。这里包含两层意思，一是事情本身做得对，做得好；二是预见远大的志向与前途。相反，讽刺奚落一个人，说他没眼光，这种语气怕是比其他词语都要重一些。鼠目寸光，习惯用法就是形容那些没有远见卓识的"低级分子"。眼光短浅，不是什么好事。一旦被这个词形容上的人，估计也不会有什么好"下场"。职场上，被领导同事讽为鼠目寸光，估计短期内难以在单位抬头，长此以往，扭转自己形象的机会就变得微乎其微，便真成没眼光的人了。不管是小眼聚光还是大眼明亮，都不会影响他们成为成功者。

★ 成为有胸怀的大学教师：青年教师自然会好

胸怀即宽容。古语说："海纳百川，有容乃大。壁立万仞，无欲则刚。"宽容是我们人生中一种高贵的品质，如果我们能学会用宽容调味人生，那么我们的生命就注定会增添很多乐趣。人与人的交往，总难免有些摩擦，只要是彼此的矛盾没有发展到你死我活的境地，总会有解决的办法，更何况宽容的人总是宽待人，很多矛盾在成熟者眼中都不足挂齿。宽容并不是不讲原则，不分是非，盲目地纵容姑息，而是在一些不足挂齿的小事面前，学会潇洒地挥手，让那些不愉快随风而去。征服人心其实并不需要武力，而是要靠宽容与大度。也许有人认为，宽容是一种软弱的行为，因为宽容只能让我们退让和忍耐。如果我对他宽容，却没有换来他对自己的宽容，那是不是太不值了。抱有这样认识与想法的人，事实上已经不宽容了，这样理解的宽容是片面的、极端的。有一个小故事典型地说出究竟什么是宽容。

张三向李四借锄头，结果被李四拒绝了。几天之后，李四向张三借用镰刀，张三马上回答："上回你不借我锄头，所以我的东西也不借你。"——这个叫报复；张三向李四借锄头，被李四拒绝。几天后，李四向张三借镰刀，张三虽然答应了，却趁此机会向李四说道："虽然你上次不借我锄头，但是这回我却借给了你镰刀。"——这叫憎恶；张三向李四借锄头，被李四拒绝。几天后，李四向张三借镰刀，张三欣然答应，对于上次的事情绝口不提——这叫宽容。大学青年教师理该成为有胸怀的人。

★ 成为有脊梁的大学教师：青年教师自然会好

有脊梁意味着有自信、有自省。

自信就是掌控自己。要认识自信的真正内涵，必须明白“自信的控制源”在哪里。一个大学青年教师自信，相当于有一个把控自信的“开关”或“阀门”。自信，简言之，“自信就是相信自己”。相信自己的“源头”，即控制源，分为内部控制源与外部控制源。一个控制源在外部的人，如果不改变自己的思维模式，外部力量是起不了什么作用的。犹如相关心理学家指出，一个人是否会采取某个行动，一方面取决于目标对个人的价值有多大，另一方面取决于对达到这个目标的可能性的预期。那么是哪些因素决定了这个预期？美国心理学家朱利安·罗特的观点是，人们的这些预期很大程度上取决于自信的控制源，也就是一个人对于自己是否能够控制生活中所发生的事件的信念。例如，如果你相信只要自己努力工作就能获得好绩效，那么你的控制源在内部，但是如果你相信绩效的好坏全靠运气，或取决于领导的偏好，那么你的控制源就在外部。控制源头的内外之别会导致行为的差异，那些经常坚持锻炼身体的人或存钱给自己投资的人所具有的控制源头在内部，而那些购买彩票或吸烟的人所具有的控制源在外部。控制源在内部的人，往往积极主动，愿意尝试改变。控制源在外部的人，往往消极被动，充满无力感，觉得一切都不在掌控范围内。控制源在内部的人一般是成功的人，控制源在外部的人一般不会成功。成功的人与不成功的人在思考模式上有巨大的差别。越是成功的人，思考路径越短，决策力越强，学习力也越高。遇到问题，成功人的思考模式是——我想要什么？怎样达到？如何迈出第一步？失败的人的思考模式是——为什么？我怎么这么倒霉？怎么找借口或逃避？成功的人喜欢尝试，相信可能性，自我的对话模式是赋能模式。失败的人多害怕梦想、害怕失败、害怕冲突、害怕不被认可，这样的结果是不敢尝试，不断自我消耗能量，于是没有办法修炼能力，也就不断进入一个恶性循环。这就是自信的人与不自信人之间的差别。

自省就是倒空自己。懂得“自省”的大学教师，是“智慧”的。什么是智慧？“智”就是“日知”，即每一天都要学习一点并掌握一点新的东西。“慧”就是双手拿着扫帚打扫自己的内心。随时随地学习新的东西与打扫自己的内心，就是懂得放低自己、倒空自己。通常来看，一个在行动中的人很少能够真正用系统的方法梳理自己的经验和遇到的问题，他更像是在不断地消耗自己，并且是在使用临时学习的方法解决眼前遇到的问题。慢慢地，习惯就会代替理性，他甚至不知道自己在干什么以及为什么要这么干。一个在行动过程中的人，很少会去关注与他面临的问题不直接相关的知识，也很少会去重温自己已经学过的知识，尤其是很少会得到别人以相对主动的方式传递来的知识。但重要的是，很多时候我们做事情的场景变成了一种假设，我们需要考虑其他解决问题的角度以及尝试用其他方法解决问题。就拿独立生活来讲，我们可以看到大家在使用电子商务、解决日常吃饭问题、平衡学习与生活的安排等方面的不同做法。我们的人生似乎就是一个试图不断充实自己的过程，与此同时，我们也要学会不断倒空自己以得到新的充实，这样充实后倒空再充实的过程就叫作“自省”。

★ 成为有文化的大学教师：青年教师自然会好

自豪是指因为自己或者与自己有关的集体或个人具有优良品质或取得伟大成就而感到光荣。大学青年教师从职业入场那一刻起就是一个具有优良品质的人。这种优良品质是什么？其实就是知识与文化。当然，大学青年教师作为在学校读了多年书的人，当从非职业人走向职业人起，就成为真正的知识分子。但是有知识不等于有文化，文化高于知识。从这个角度理解，大学青年教师的优良品质不仅仅在于知识，更在于文化。教育能赋予人知识，但是有知识不一定就能使人发展，有文化的教育才能推进人的发展。

有知识不一定自豪，有文化一定自豪。因为真正推动人发展的教育应该从“知识教育”转向“文化教育”。

笔者 2011 年 7 月 18 日参与台湾部分大学与苏州大学在苏州大学举办的"教育文化与人的发展"学术研讨会

本章小结

职业专业化与专业职业化：大学青年教师会好吗？

回答是肯定的：会好！

会好是有前提的，即准确定位自己作为职业者的教师与作为育人者的教师，并处理好二者之间的关系。在这个基础上，在外部环境与他人的支撑协作之下，执着地在大学教师职业之道上悉心求索，则会获得一份美丽的大学教师职业。

后　记

本书是作者在成为一名大学教师之后对大学教师成长与发展的一些探索和总结，成长与发展是从事大学教师职业的人需要随时随地思考的课题之一。

该书的写作和提炼立足这样一种“观念动力”：现在为什么很难产生让人敬仰与景仰、让人振奋、让人激动的大学教师？究其原因，是我们的大学缺乏像蔡元培、胡适、顾准、罗家伦……那样的教师观念。对于育人者而言，如果缺乏教育观念，则教育不好学生。

该书的写作和提炼基于这样一个“理论假设”：教师的职业成长是一个“学习教书”的动态过程。这个过程的根本特点是教师个人理论的进行性演变，即教师个体历经一个“学习”的过程。通过一系列的学习活动以及在具体教育教学环境中的教学实践等建构和发展教师的个人理论。按照教师认知研究的思路，这些理论充当大学青年教师入职之道以及职业适应力的参照系，指导大学青年教师的成长实践。

当代西方最重要的伦理学家之一，伦理学与政治哲学中社群主义运动的代表人物麦金太尔在其《德性之后》一书里说：“一个美好的人生，是一生不懈追求美好人生的人生。”美好的人生并不只是单纯欲望的满足，更非个人任意的选择，而是对自己所属的传统，对自己的身份角色的深切了解，并借此知道什么是真善美的生活，然后努力培养实现这种生活的兴趣、知识技能、价值观、德性，令生命有始有终，圆满无憾。

王　飞

2015 年 9 月